LÍDER
HUMANIZADO

PEDRO SVACINA

LÍDER HUMANIZADO

DE VENDEDOR A CEO: A MONTANHA-RUSSA DA LIDERANÇA

figurati

São Paulo, 2022

Líder Humanizado – De vendedor a CEO: a montanha-russa da liderança
Copyright © 2022 by Pedro Svacina
Copyright © 2022 by Novo Século Editora Ltda.

Editor: Luiz Vasconcelos
Coordenação Editorial: Stéfano Stella
Preparação: Flávia Cristina de Araujo
Revisão: Fabricia Carpinelli
Diagramação: Manu Dourado
Capa: Marcela Lois
Aquisições: Elias Awad

Texto de acordo com as normas do Novo Acordo Ortográfico da Língua Portuguesa (1990), em vigor desde 1º de janeiro de 2009.

Dados Internacionais de Catalogação na Publicação (CIP)
Angélica Ilacqua CRB-8/7057

Svacina, Pedro
Líder humanizado / Pedro Svacina. – Barueri, SP:
Novo Século Editora, 2022.
160 p.

1. Autoajuda 2. Negócios 3. Liderança I. Título

22-0922   CDD 158.1

Índice para catálogo sistemático:
1. Autoajuda

figurati
uma marca do
Grupo Novo Século

GRUPO NOVO SÉCULO
Alameda Araguaia, 2190 – Bloco A – 11º andar – Conjunto 1111
CEP 06455-000 – Alphaville Industrial, Barueri – SP – Brasil
Tel.: (11) 3699-7107 | E-mail: atendimento@gruponovoseculo.com.br
www.gruponovoseculo.com.br

Agradeço à minha esposa Tessy Svacina, que sempre esteve ao meu lado, em toda a minha trajetória pessoal e profissional, já que desde os meus 12 anos estamos juntos! Muito obrigado, eu te amo! Você fez e faz toda diferença na minha vida!

Agradeço aos meus filhos Julia Svacina e João Pedro Svacina, vocês são pura inspiração e o reflexo do amor infinito que tenho pela mãe de vocês! Obrigado a Deus por nos presentear com filhos tão especiais como vocês.

E não poderia deixar de agradecer a um grande amigo, um ser humano extraordinário que dedica a sua vida para ajudar pessoas. Muito obrigado Rodrigo Cardoso, você me ajudou e me ajuda muito até hoje! Fazer parte do seu rol de amigos e ser um integrante do seu grupo de **Power Mind** *mudaram a minha vida!*

SUMÁRIO

PREFÁCIO 11

Parte I – Quem eu sou

CAPÍTULO 1
O resolvedor de problemas – Será que na vida podemos resolver tudo? 15
O Pequeno Otimista – Cada um é responsável pela maneira como vê o mundo 20
O jovem aprendiz – A vida é sempre a melhor escola 30

CAPÍTULO 2
O estrategista – "Como eu faço esse cara brilhar?" 37
Liderança eficiente – Como conquistar resultado sem se tornar uma máquina 42
O líder humanizado – O que o Homem de Lata quer com o Mágico de Oz? 47

CAPÍTULO 3
Chegando ao topo – Sem saber onde ele fica 53
A fragilidade da vida 56

CAPÍTULO 4
Como viver uma vida extraordinária no novo mundo 61

Parte II – Pilares do sucesso

CAPÍTULO 5
Poderoso e energizado 71
Alice e a toca do coelho 88

CAPÍTULO 6
Autorresponsabilidade 93
Erros e aprendizados 103
Aceite, analise e ajuste 109

CAPÍTULO 7
Método CEPE – Conhecimento + Experiência + Planejamento + Execução =
Sucesso 113
O método na prática 120
Obstáculos para aplicar o método CEPE 128
    1. Julgamento 128
    2. Medo 129
    3. Dificuldade de comunicar necessidades 130
    4. Focar apenas no objetivo 131
    5. Pular etapas 132
Integridade: uma palavra-chave 135
Tenha uma vida com sentido 146

PRÓLOGO
O coelho da cartola 153

PREFÁCIO

Nossos medos e incertezas são colocados à prova nesta obra de Pedro Svacina.

Buscamos segurança, sucesso e reconhecimento.

Com maestria, Pedro nos mostra sua vulnerabilidade diante dessa busca que temos em nossas vidas.

Sempre fazendo seu melhor, sem dar desculpas, aprendendo desde criança o poder do trabalho, da disciplina, da integridade e honestidade, o autor se destaca muito rapidamente no mercado corporativo.

Porém, a vida mostra a necessidade de olhar para o outro, a necessidade de acolher os questionamentos pessoais e aceitar o que não temos controle.

Pedro é pego de surpresa por uma notícia que mudará sua vida, que o fará rever os seus valores.

E a você leitor, cabe perceber o enorme aprendizado por trás dessa jornada.

Estar presente, aqui e agora, e aprender a dar o melhor de si, determinando o seu próprio destino para alcançar seu sucesso, seja ele qual for, será apenas um dos grandes ganhos nessa agradável leitura.

Pedro ensina a fórmula do seu sucesso nesta obra.

Me sinto honrado por ser seu amigo pessoal. Estava com ele na visita da Zappos e no evento do Tony Robbins em Las Vegas. Me sinto grato por ter sido a conexão entre ele e os empresários que hoje transformaram esse pai de família incrível num homem de extremo sucesso do mundo corporativo, além de um empreendedor que continua tendo o toque de Midas por onde passa!

Não como mágica, mas sim como estratégia, mostra o caminho e prova que qualquer um que deseje trilhá-lo terá também o abençoado toque.

Uma leitura leve, prática e como ele mesmo sempre diz: Poderosa e Energizada!

RODRIGO CARDOSO
Autor de *Leve sua Mensagem para o Mundo* e criador do movimento Ultrapassando Limites

PARTE I

QUEM EU SOU

CAPÍTULO 1

▪ O resolvedor de problemas

Será que na vida podemos resolver tudo?

Uns me conhecem como Pedro. Outros, como Svacina. A verdade é que Pedro Svacina – nome conhecido do mercado corporativo, que está estampado no cartão de visitas que me abre portas – é o resultado de uma vida com experiências fortes e marcantes.

Não dá para contar tudo o que vivi apenas em um livro, mas posso trazer aqui o que me fez quem eu sou. O que me fez crescer como profissional, como ser humano, para criar a vida extraordinária que tenho hoje.

Muitos me veem como um grande *resolvedor* de problemas. É como se o Pedro fosse o sujeito apto a lidar com qualquer tipo de situação. Aliás, já reparou como a maioria das pessoas que estão em cargos de liderança é vista como *resolvedora* de problemas? E você, já se perguntou o que essas pessoas têm de diferente para saberem se portar e decidir o que fazer em momentos cruciais de suas vidas?

Talvez você até esteja procurando essa resposta neste livro. Pode ser que tenha encontrado ele na pilha da livraria, acreditando que o meu olhar sobre a vida pode auxiliá-lo a encontrar respostas para a sua.

Pode ser que você tenha assistido alguma palestra minha em alguma cidade ou que queira saber mais sobre vendas, que foi a minha principal área de atuação ao longo da vida.

Buscar respostas é o que fazemos. O tempo todo. Seja folheando um livro qualquer, seja quando estamos em um momento crítico.

Portanto, vou lhe dar uma boa notícia: eu pretendo ajudar você a resolver a sua vida.

Inicialmente, minha ideia era escrever um livro que falasse sobre como viver uma vida extraordinária no novo mundo. Esse mundo que, às vezes, causa espanto até em mim por exigir decisões contínuas e mudar muito rápido. Um mundo tecnológico que está em constante mutação. Um mundo no qual os meus filhos nasceram e hoje minha jovem filha transita com facilidade por ter nascido na Era da Conexão e viver seu dia a dia como se as redes sociais fizessem parte de sua vida, quase que como uma extensão dela mesma.

Viver nesse mundo *ultraconectado*, que muitas vezes nos desconecta de nós mesmos, é um grande desafio, porque as informações chegam de todos os lados e é uma dificuldade cada vez maior entender que caminho tomar com um bombardeio de notícias e inovações que prometem, mas que muitas vezes fazem parte de um mundo virtual bem distante da realidade.

Costumo dizer que viver uma vida poderosa e energizada é uma maneira de tornar o comum em algo extraordinário. É algo que me esforço para fazer diariamente a fim de provocar experiências a familiares e colegas de trabalho. Para promover o extraordinário, é preciso estar certo de quais decisões são necessárias para a resolução de problemas, numa sociedade que mal consegue detectar quais são os problemas de fato, numa sociedade que está habituada a anestesiar as próprias dores para não as enxergar, que não é capaz de olhar com coragem para o que precisa ser mudado e partir para a ação, porque prefere viver com aquilo que é ruim, para não ter que mudar a maneira como sempre existiu individualmente como ser humano.

Sim, caros amigos. A vida traz percalços de todas as ordens. Eu não vou enganá-lo porque comigo não foi diferente. Exceto pelo fato de que eu aprendi como minimizar riscos conscientemente para não sucumbir aos medos que as inevitáveis situações nos trazem.

Talvez esse seja o segredo para viver a tal vida extraordinária. Tirar a máscara, jogar o crachá fora e não ser a pessoa que esperam que você seja o tempo todo. Ser a sua melhor versão para poder transformar quem está ao seu redor. Ser a pessoa que consegue, através de uma conversa, modificar um ambiente ou encontrar respostas.

Ser quem você é, sem medo de críticas. Estar diante de quem é diferente sem precisar deixar de ser você mesmo.

É necessário ter coragem para ser a sua melhor versão. Para ser quem você é e impactar as pessoas a sua volta com um propósito inabalável e a vontade de transformar.

Confesso que ao longo da minha vida tive algumas situações que demandaram mais que um preparo profissional. Exigiram que eu colocasse meus valores acima de tudo. Que eu questionasse a mim mesmo, constantemente, para conseguir encontrar a temperatura certa nas minhas ações. Não é fácil nem simples manter o equilíbrio perfeito entre família e trabalho. Mas é necessário, porque o tempo é implacável e, quando percebemos, deixamos de viver aquilo que é mais importante.

Eu sei que talvez você também se esforce para ter uma família inabalável, para proteger os seus e encontrar maneiras de suprir todas as necessidades dos seus filhos, sem deixar que o trabalho o afaste de quem mais ama. Eu sei que muitas vezes temos que encarar o preço que queremos pagar pelas nossas escolhas e por isso elas precisam ser conscientes o tempo todo. Decisões precisam ser tomadas diariamente e a responsabilidade que temos sobre o efeito de cada uma delas é inegociável.

Na dúvida, vou ensiná-lo a fazer as perguntas certas. Seja você um vendedor de sonhos, de ideias ou de projetos. Você precisa aprender a viver de forma que seus sonhos sejam monetizados. Propósito é bom, mas é melhor ainda quando consegue pagar as contas.

Só que ninguém precisa se corromper ou virar uma máquina para encontrar a dose certa de felicidade na vida. Não somos máquinas, nem robôs. Somos humanos. E o que nos faz humanos é a capacidade de sentir. Eu precisei viver muitos anos para entender isso: desqualificar sentimentos não era boa coisa para humanizar relações de trabalho.

Foi através dessa construção que cheguei aonde cheguei. Conquistas, dinheiro e a falsa ideia de que eu tinha o controle da vida em minhas mãos. Sim, amigos, conforme vamos progredindo na vida, com o amadurecimento e as escolhas que fazemos, temos aprendizados constantes.

A sorte é que podemos aprender uns com os outros para saber como desviar dos desafios que chegam no meio do percurso.

Eu estava em um cargo importante, liderando uma grande empresa, quando enfrentei a impotência de um sentimento que me dizia que eu poderia perder tudo do dia para a noite.

Minha esposa, Tessy, com quem eu comecei a namorar aos 12 anos, estava segurando a minha mão quando recebemos aquela notícia. Até hoje eu consigo reviver o sentimento de perder o chão sob meus pés.

O médico dizia lentamente para nós dois a palavra mais temida de todas: "câncer". Era no corpo dela e eu lamentava por não ter sido no meu.

As crianças ainda eram pequenas, a responsabilidade era grande. O meu silêncio era de morte. Eu não conseguia lidar com a impotência de não poder fazer muita coisa.

Justo o Pedro Svacina. Justo o *resolvedor* de problemas que era chamado para apagar todos os incêndios. Justo eu estava sem palavras.

Talvez quando percebemos exatamente a dimensão do que podemos e do que não podemos controlar na vida seja o momento em que mais nos tornamos humanos.

Foi ali que cresci. Cresci por aceitar que não era infalível. Cresci por aceitar a dor. Cresci por entender que tínhamos uma responsabilidade de não fugir daquela situação.

Daquele dia em diante, passamos a olhar para a vida de uma outra forma. Eu valorizava cada um dos pilares da vida e entendia que ela era muito mais que trabalho.

Eu sabia que o trabalho era extremamente importante, porque através dele conseguimos ter acesso a outros pontos para evoluirmos como seres humanos. Sabia que o trabalho era algo fundamental, pois nos leva para outro patamar da vida.

Mas começava a entender que, para ter uma vida extraordinária, era preciso olhar para os outros pontos. Pontos que, embora eu olhasse, talvez não estivesse presente.

Quando saímos do médico, nos entreolhamos. Pela minha cabeça pipocavam perguntas "Por que tão nova? O que vai acontecer? Vai morrer?"

Começou a surgir uma série de questionamentos e naquele momento fiquei atento a tudo que acontecia em minha vida. Era um outro Pedro que nascia naquele momento. Um Pedro que despertava para as pequenas coisas, que era mais sensível, que não suportava a ideia de ferir outro ser humano com palavras. Um Pedro que tinha atingido um outro nível energético e espiritual.

Chegamos em casa e nos deparamos com nossos filhos. Nossa continuação. Neles depositamos a esperança, tudo aquilo em que acreditamos. Eu me questionei sobre tudo que estava fazendo até ali. Sobre todos os papéis que tinha representado.

Esse questionamento foi um dos momentos mais importantes da minha vida. Ele trouxe clareza de que tudo aquilo que sonhamos pode acabar.

Eu vivia em função de transformar a vida da minha esposa e de meus filhos e sabia intimamente que poderíamos transformar aquela situação. Também sabia que se tivéssemos força para suportar a instabilidade daquela circunstância, venceríamos tudo.

Talvez, mesmo não podendo controlar a situação, houvesse uma maneira de olhar para ela que facilitasse as coisas.

Por algum motivo, lembrei daquele menino de oito anos, filho mais novo numa família de quatro irmãos, que tinha desenvolvido na marra uma facilidade de encontrar o lado bom das coisas. De repente, eu era o Pedro. Sem o sobrenome que me apresentava no crachá. Era aquele menino que subia as escadas de casa aos oito anos tentando entender porque os pais tinham se separado, buscando uma maneira de consolar os irmãos.

Quem era aquele menino que tinha crescido resolvendo tudo e agora parecia sem solução diante de um grande desafio?

▪ O Pequeno Otimista

Cada um é responsável pela maneira como vê o mundo

"A gente se separou."

Minha mãe soltou essa frase enquanto olhava fundo nos meus olhos. Eu tinha oito anos. Olhei para o meu irmão e subimos as escadas, ainda sem saber o que dizer um para o outro.

A separação dos pais, quando se é criança, não é tão simples como parece. É mais fácil tentar entender matemática ou química. Eu não tinha a mais vaga ideia do que significava aquela frase e de como a separação impactaria as nossas vidas.

No silêncio, já dentro do quarto, depois de subir as escadas, olhei para o meu irmão. Para ele, a notícia ainda estava difícil de digerir. Talvez não tenha sido consciente a frase que eu disse logo depois. Ainda tinha oito anos, mas já era um menino sabido que não queria ver o irmão ficar triste com a ideia de o pai não viver mais em casa.

"Pô, o pai é chato pra caramba", quebrei o gelo.

Não que meu pai fosse chato. Nunca tinha sido, na verdade. Hoje, como pai, talvez eu seja mais exigente do que ele. Porém, naquele momento, a única coisa que me passou pela cabeça foi dizer que ele era chato.

Olhando agora, anos depois do ocorrido, reflito sobre o porquê daquela frase ter sido dita naquele momento. Talvez tenha sido ali que nasceu o Pedro que tentava olhar tudo sob uma perspectiva positiva. Em vez de olhar para a ausência que se criava, eu tentava perceber uma coisa boa que podia ser detectada dentro daquela situação específica.

Quem sabe, daquele jeito, meu irmão não ficava mais animado? Não teríamos que desligar a televisão tão cedo, nem dormir às oito da noite. Talvez não precisássemos mais de nenhuma regra.

Ele me olhou como quem consegue enxergar uma pontada de esperança. Havia alguma coisa boa para se celebrar, mesmo com aquela aparente desordem.

Até hoje, quando lembro dessa cena, fico pensando na capacidade das crianças em encontrar soluções criativas para tudo. Tais soluções seriam o antídoto para os dias difíceis que os adultos não conseguem suportar.

Dizer que o papai era chato, quando a possibilidade de não vê-lo todos os dias beirava o insuportável, era uma maneira de criar uma nova realidade. Posso dizer que, depois de adulto, perceber o lado positivo das coisas tornou-se algo natural para mim.

Minha esposa Tessy costuma dizer que a minha forma de atingir um objetivo tem um caminho muito curto e lógico, e talvez esse dia tenha feito com que eu olhasse para os problemas de uma outra forma.

Mas como posso explicar para você que em determinado momento da minha carreira eu entendi que não tinha responsabilidade sobre a decisão das outras pessoas? Talvez por entender que meu pai, naquele dia, decidiu o que era melhor para ele. Não era hora de procurar culpados, nem de acreditar que eu era vítima de um acontecimento ou tinha alguma culpa por ele ter acontecido em minha vida naquele momento.

No mercado corporativo, ter esse discernimento foi fundamental em minha vida. Se cada um era responsável por suas escolhas, tudo que eu precisava fazer era dar essa informação a cada uma das pessoas que chegassem a mim em busca dela.

Quando falo sobre informar às pessoas, quero dizer que você não deve se responsabilizar se essas pessoas não usarem tais informações ou não fizerem o que precisa ser feito.

A frustração vem quando acreditamos que temos a responsabilidade da seara do outro. Como líder e ser humano, hoje sei que devo ser o melhor líder possível, o melhor marido, o melhor pai. Eu entendo que, fazendo o que está ao meu alcance, sou responsável pelas minhas escolhas, e quando as escolhas de terceiros impactam na minha vida, é necessário saber interpretar os fatos e não levar para o lado pessoal.

Para contar um pouco de quem sou, eu não quero trazer rótulos. Os cargos vêm e vão e é importante que você saiba disso para não se ancorar no que não é perene. Já vi muitos CEOs[1] de empresas e diretores percebendo que não tinham identidade sem os seus respectivos cargos.

Enquanto começava a escrever este livro, uma nova etapa da minha vida se iniciava. Era o fim de uma carreira corporativa, pontuada por momentos de muito sucesso profissional dentro de uma empresa. Eu me via flertando com outras propostas no mundo corporativo, recebendo convites por todos os lados ao mesmo tempo que entendia que era um momento-chave para que eu pudesse acelerar em direção ao meu propósito.

Simultaneamente, me via diante de situações que eu não podia controlar. Nesse instante, a palavra que mais pontuou a minha trajetória foi "aceitação".

A aceitação é fundamental para que você possa evoluir. Aceitação é o princípio da evolução. Qualquer coisa que possa acontecer em sua vida, se você aceita, você recebe. Ao receber, você limpa o que não serve e descarta o que não é para você.

Aceitar é mais ou menos o que a gente aprende a fazer logo na infância, mas não incorpora no dia a dia em nossa vida adulta. Aceitar é o que deveríamos aprender a fazer nos momentos de crise

---

1 CEO – Chief Executive Officer é o cargo que está no topo da hierarquia operacional de uma empresa.

profissional, de saúde ou qualquer adversidade que nos desafie em algum momento da vida.

Enquanto escrevo este livro, revejo a minha vida além das recordações e intensifico o conhecimento que adquiri ao longo da minha trajetória, captando a dinâmica do que me fez caminhar para determinadas direções ao longo da minha vida. Percebo, através da linha do tempo, como construí esse ser em constante evolução para poder chegar até aqui e compartilhar este conteúdo que espero que toque e transforme quem estiver diante das páginas deste livro.

A nossa vida é repleta de adversidades e a nossa bagagem emocional nos possibilita enfrentar os desafios que se apresentam. Talvez o mais difícil seja encontrar o cerne da questão para conseguir trazer à tona nossas forças que parecem se estagnar em determinadas circunstâncias do passado ou ficam imobilizadas diante das demandas do futuro.

Acredito que ao longo da vida seja necessário ampliarmos a consciência de quem somos, para que nos tornemos ativos e conscientes na compreensão do nosso destino pessoal. A vida não é um amontoado de eventualidades. Existem processos que precisamos observar ao longo do desenvolvimento humano e que nos diferenciam quando damos o exato significado a cada um deles.

Trocando em miúdos, quando você sabe que fez o seu melhor, tudo que acontece como consequência das suas atitudes e decisões você aceita, recebe e transforma. Isso nos faz ter a nossa própria régua para todas as fases da vida, sem ficar medindo as situações através da régua dos outros.

Eu aprendi a viver a vida do jeito que ela se apresentava aos doze anos de idade, quando comecei a trabalhar na loja de móveis da minha avó, em Caxias, no Rio de Janeiro. Eu ainda era menino, mas já pegava um ônibus de Petrópolis até lá. A distância era de 47 quilômetros. Muita coisa para um menino que ficava sozinho com seus pensamentos, mas não para mim. Desde que meus pais tinham se separado, minha mãe tinha dado certa autonomia para que pudéssemos ter pequenas responsabilidades dentro de casa.

Como éramos em quatro filhos, nenhum de nós ficava debaixo da saia dela. Ela nos empurrava para o voo com a certeza de que tínhamos capacidade para percorrer a nossa vida. Desde cedo, eu sabia acordar sozinho, preparar o meu café e ir para a escola, e talvez eu só tenha construído uma autoestima inabalável porque fui vencendo os desafios e descobrindo a possibilidade de fazer certas coisas sozinho.

Nesses dias, durante o trajeto no ônibus, eu nem imaginava que tinha apenas doze anos para estar sozinho. Era como se à medida que minha mãe confiasse que eu era capaz, eu imediatamente me sentisse capaz – não só aos olhos dela, como também com a confiança desmedida de um adolescente que começa a descobrir o mundo pelos próprios olhos.

Minha avó, Maria Merces, ocupou o lugar de provedor na nossa família depois que meu pai decidiu se mudar para o Irã. Cuidando sozinha de uma fábrica e uma loja de móveis, ela era uma portuguesa que desde cedo me mostrava os princípios que eu acabaria seguindo por toda a vida.

Trabalhei lá por cinco anos e lembro-me de episódios curiosos, como o dia em que, já com 17 anos, cheguei vestido com uma camisa social e ela ralhou comigo, dizendo:

– Por que você veio assim, garoto?

Sem saber o que responder, ela apontou para o meu tio Augustinho e disse:

– Mostre a roupa que ele vai trabalhar.

Foi aí que ele me deu um chinelo, uma camiseta e uma bermuda enquanto eu, sem entender nada, perguntava o porquê daquela roupa.

– Você vai trabalhar lá na fábrica montando armário. Se queres ser dono, tens que saber fazer.

Mas até começar a trabalhar na fábrica foi um longo período observando como ela agia na loja. Mais precisamente, dos doze aos dezessete anos. Eu não conseguia entender por que ela não dava o preço quando o cliente ligava e dizia que era para ir até a loja. Ficava inquieto fazendo perguntas.

– Vó, por que você não dá o preço para ele?

Então, ela dizia:

– Meu filho, se eu dou o preço, ele não vem aqui; se ele vem aqui e vê o meu produto...

Ainda era difícil entender esse conceito, que aos poucos fui assimilando. A vó Mercedes vendia móveis de quarto – cama, armários – e eu trabalhava ajudando no que podia. Quando ela me pagava, eu me sentia um verdadeiro herói. Voltava para casa com a nota de 100 reais, comprava alguma coisa para a minha mãe e até andava de táxi.

Apesar de já ter comentado que sou o mais novo de uma família de quatro irmãos, para ser mais específico, na verdade, eu sou o terceiro, já que eu tenho um irmão gêmeo que nasceu 10 minutos depois de mim. Na época, via uma certa fragilidade na minha família e admirava a minha avó, sempre a postos como provedora. Ao mesmo tempo, tinha um tio "de consideração" que era dono de um posto de gasolina e eu observava a sua maneira de agir, sempre com o bolso cheio de notas de dinheiro. Aquilo, para mim, era sinônimo de sucesso.

Tinha a sensação de que eu precisava ajudar em casa e que o dinheiro faria com que eu pudesse de alguma forma contribuir com a minha família, essa era a minha motivação principal. Talvez esse tenha sido meu motor interno quando me dispus a conquistar tudo que conquistei ao longo da carreira profissional. Eu tinha uma família e faria o que estivesse ao meu alcance para dar o melhor para cada um que estivesse ao meu lado. Para que isso acontecesse, eu sabia que em todos os lugares precisava dar o meu melhor.

Embora fosse evidente para mim que existia um desequilíbrio financeiro dentro de casa, cada criança percebe esse mecanismo de uma maneira diferente. Para mim, que tinha um irmão gêmeo, era curioso notar como, enquanto ele sofria com a situação, tais circunstâncias me moviam a ir em frente. Era como se o desafio fosse meu combustível para continuar.

Por isso hoje talvez eu entenda que não são as circunstâncias que fazem de nós as vítimas dos acontecimentos. Somos nós mesmos que nos colocamos em determinados papéis se assim desejarmos. Como diria o grande mestre Tony Robbins, "são as nossas decisões e não as condições que determinam nosso destino".

Eu poderia contar a minha história de todas as maneiras possíveis, mas tinha escolhido aquela que traria um impacto emocional menor e mais resultado na vida de quem estivesse ao meu redor.

Desde cedo eu queria fazer alguma coisa que trouxesse resultado para a minha família. Eu via que se eu provocasse uma ação, recebia dinheiro em troca. Se eu ficasse parado, nada acontecia.

Logo, eu me movimentava porque sabia que a inércia não produzia nenhum resultado. Tinha claramente a ideia de que a ação trazia dinheiro para dentro de casa. Ao mesmo tempo, tinha crescido vendo uma instabilidade financeira familiar, quando meu pai ora estava com dinheiro, ora sem nada, como muitos empreendedores com dificuldades de administrar o próprio negócio.

Era dessa forma, sabendo desses altos e baixos da vida, que eu entendia desde novo o quanto queria independência financeira. Não queria pedir dinheiro para a minha mãe e sabia que precisava pedalar para conseguir a remuneração que desejava.

Foi assim que, aos 16 anos, comecei a produzir festas. Encontrei a oportunidade perfeita quando vi um café que abria apenas de sexta a domingo e perdia a quinta-feira, quando estava fechado.

Sem muita pretensão, perguntei ao dono do local:

– Você abriria às quintas-feiras se eu promovesse festas aqui?

Ele me olhou de cima a baixo. Talvez não imaginasse que seria possível.

– Para eu abrir, preciso de no mínimo uma clientela de 200 pessoas – respondeu.

Estava feito o desafio. Desse jeito, eu me tornava o mais novo promoter de eventos de Petrópolis, cidade da região serrana do Rio de Janeiro. A abordagem era simples: eu ia nas escolas e vendia a festa para a turma do terceiro ano. Chegava motivado para vender. Eu sabia que existia uma crise econômica dentro de casa que era detectada a olhos vistos. Embora minha avó e meu pai conseguissem se manter, eles tinham períodos de seca, em que o dinheiro era escasso, e eu sentia a necessidade de ajudar minha mãe da maneira que podia.

O grande desafio era fazer a quinta-feira, que era um dia que ninguém saía de casa, se tornar um produto atraente para o público do terceiro ano da escola. Eu tinha uma turma de amigos do meu irmão mais velho e sabia de duas coisas:

- Eu tinha uma grande marca, que era a casa mais badalada de Itaipava;
- Eu estudava numa escola cheia de jovens.

Com 16 anos, essa era a equação perfeita para colocar mais de duzentas pessoas dentro de um lugar em um dia de semana. Somado a isso, uma certeza de que daria certo. Em nenhum momento eu parei para perguntar: "E se?"

Não dar certo não era uma possibilidade.

Hoje, trabalhando em marketing e vendas, e sendo reconhecido e bem pago por isso por grandes empresas, sei que quando colocamos uma marca, entendemos o público que queremos atingir e saímos em disparada para a ação; sem pensar no que pode dar errado, aquilo que nos propomos a fazer costuma funcionar.

Mas olhando para aquele menino autoconfiante que desconhecia limites, vejo que aos 16 anos houve uma certa dose de ousadia que foi conquistada com o tempo.

Crianças criadas com liberdade precisam adquirir uma certa necessidade de raciocinar e entender quais são os caminhos válidos ou os caminhos que podem prejudicar. Com esse excesso de liberdade que eu tinha desde a infância, a responsabilidade vinha junto na mesma medida.

Como eu tinha bolsa de estudos no colégio, sabia que se faltasse, ia perder a bolsa. Só que minha mãe não me acordava para ir à escola. Se me encontrasse em casa às 8h30 da manhã, simplesmente perguntava o porquê de eu estar ali naquele horário, sem criar constrangimento ou dar broncas. Eu já sabia que poderia perder a bolsa e não dava sopa para o azar.

Assim, a minha escola de vendas, depois da loja de móveis da minha avó, foi como promoter de festas. Na primeira oportunidade, levei mais de duzentas pessoas para a noitada. Depois disso, percebendo que eu tinha habilidade de conduzir as pessoas para frequentarem a festa, o dono da casa noturna pediu que eu promovesse às sextas, aos sábados e, em seguida, a festa mais badalada do ano: a festa de Ano-Novo.

Nessa época, eu aprendi a ganhar dinheiro com muito prazer – uma forma que a maioria das pessoas não sabe como fazer. O dinheiro não precisava estar desconectado do fato de eu fazer o que gostava. Convencia as pessoas a irem na festa, ampliava os relacionamentos e sabia que quanto maior o número de pessoas no lugar, maior seria a minha comissão. Basicamente, me relacionar com as pessoas e despertar um desejo nelas fazia com que eu ganhasse dinheiro.

Essa é a raiz do marketing e das vendas. Fazer com que as pessoas desejem aquilo que você tem a oferecer, de forma que elas percebam as vantagens naquela aquisição. Um bom líder também sabe conduzir as pessoas a tomarem uma decisão, criando uma cultura dentro de um meio.

Eu tinha uma boa marca, um bom público no qual poderia criar essa cultura e começava a construir uma relação com as pessoas envolvidas, para poder satisfazer ambos os lados.

Estava pronta a fórmula daquele adolescente para poder vender o que fosse preciso.

Como eu não tinha sequer conta bancária, chegava em casa e ia colocando o dinheiro dentro das gavetas na cômoda de roupa. Com aquele dinheiro, eu comprei geladeira, freezer e tudo que a minha mãe precisava. Minha motivação era contribuir com a família e isso me impulsionava mais do que tudo.

Embora eu ainda não pudesse perceber, vender era algo que eu tinha aprendido a fazer na prática de maneira orgânica e intuitiva. Ia nas escolas e vendia a festa para a turma do terceiro ano. Conseguir vender nos dias "fracos de movimento" era um desafio e tanto, e isso me capacitava a criar um movimento extra na balada nos outros dias da semana.

O que me fazia lotar um lugar onde, na época, ninguém sequer imaginava que pudesse ser uma opção de diversão às quintas-feiras? O lugar ficava fechado porque não existia quem o conectasse ao público. Hoje, eu percebo que o que tornava aqueles jovens atraídos pela minha oferta era que eu fazia com que eles se sentissem os "donos da festa", ou seja, eu oferecia mais que um ingresso. Eu oferecia conexões e experiências.

Embora o resultado daquela ação gerasse dinheiro como recurso para que eu pudesse fazer o que precisava, nunca era o *dinheiro pelo dinheiro* o que me fazia criar situações como aquelas. Eu começava a assimilar qual era a essência de reunir pessoas em torno de um mesmo propósito. E isso ficou ainda mais claro quando comecei a participar das gincanas do colégio.

Foi ali que eu percebi que, no fundo, as pessoas buscavam ter um motivo para viver. Era por isso que todo mundo ali se reunia em torno de uma causa, a de conseguir arrecadar alimentos para a gincana. Eu sabia que outros participantes iam ao supermercado e compravam comida para ganhar a competição, só que aquilo fugia dos meus princípios. Esse ensinamento ficou claro: numa competição, ganhar nem sempre é o mais importante quando o outro joga com armas que você não jogaria.

Conseguíamos arrecadar alimentos e eu começava a perceber como desenvolver a habilidade de impulsionar todas as pessoas na mesma direção.

Talvez você já tenha notado que liderança nada mais é que persuadir pessoas para que sigam na direção que você está apontando. Não porque você quer manipulá-las, e sim porque, em muitos casos, elas não sabem para onde ir e precisam ser guiadas.

Um líder sabe que pode gerar emoções e transportar uma pessoa de um lugar para outro. Hoje, vejo minha filha Júlia atuando como atriz e relembro da minha época de adolescência em que eu fazia teatro. Eu adorava estar no palco, porque aquilo me gerava um sentimento de realização ao ver a reação da plateia em determinadas atuações.

No fundo, tudo que escolhemos na vida é para dar algum sentido à nossa existência. Sem esse sentido, não tem como viver uma vida extraordinária. Vivemos uma vida ordinária, arrastada e infeliz, porque só colocamos na balança o resultado palpável.

É quando conseguimos que o resultado reflita o que temos de melhor dentro de nós que podemos qualificar uma ação como digna de ser aplaudida. Veja sua vida: que tipo de atuação tem feito você arrancar aplausos da plateia? Como diz um personagem do filme *O Rei do Show*, "a arte mais nobre é fazer os outros felizes".

▪ O jovem aprendiz

A vida é sempre a melhor escola

"Não sei o que quero fazer."
Diante do dilema da faculdade, encontrar a paixão era algo difícil. Como escolher entre todas as profissões possíveis? A única coisa que eu sabia era que tinha uma habilidade natural para fazer com que as pessoas seguissem em determinada direção. Eu era observador e conseguia despertar desejos que muitas vezes elas próprias não tinham detectado.

Um pouco disso tinha sido parte da vida vivida nos bastidores da loja de móveis da minha avó, que sabia vender como ninguém. Além do mais, eu gostava de tudo que trazia qualquer retorno financeiro. Estava criando uma motivação em vender ideias, reunir pessoas em torno de um projeto e criar condições para que todo mundo ganhasse.

Com dinheiro na mão, eu entendia o que era satisfação em ver alguém feliz por algo. Nessa época já estava namorando a Tessy, que viria a se tornar a mãe dos meus dois filhos. Eu a conheci aos doze anos, justamente numa festa em um castelo. Sempre brinco dizendo "onde mais eu poderia ter conhecido uma princesa?"

Entre idas e vindas durante toda a adolescência, nos tornamos um casal. Portanto, além de querer proporcionar coisas para a minha mãe, eu já tinha o objetivo de fazer a Tessy feliz e fazia isso com pequenos gestos.

A sensação prazerosa de vê-la feliz quando recebia um buquê de flores ou um presente me deixava envaidecido e com o coração preenchido. Era mais que um amor puro e simples. Era a construção de uma felicidade a dois na qual o sorriso do outro começa a se tornar tão ou mais importante que o seu.

Foi justo nessa época que eu decidi cursar administração de empresas. Tinha traçado uma estratégia, porque sabia que aquele curso ajudaria em qualquer coisa que eu quisesse fazer.

Só que o trabalho que eu estava executando no dia a dia era bem diferente do que o que eu gostaria. Trabalhando na marcenaria onde se faziam os armários da fábrica da minha avó, eu aprendia o senso de responsabilidade, a questão do comprometimento e da humildade em servir.

Um bom líder precisa saber servir ao outro, mas essa seria uma fórmula que eu só conseguiria assimilar depois de algum tempo.

Foi quando meu irmão mais velho chegou com uma proposta inusitada que as coisas começaram a mudar.

A proposta veio da seguinte maneira:

– Tem uma vaga de estagiário para dar palestra em escola pública oferecendo um programa de reciclagem que troca latas de alumínio por computadores.

Não pensei duas vezes. Eu me inscrevi para o estágio e, quando fui aprovado, entendi o funcionamento e a mecânica da coisa. A matemática era simples: quanto mais escolas eu visitasse e explicasse o programa, mais reciclagem faria e, consequentemente, mais escolas ajudaria.

Nessa época, eu sabia que não queria ser dono de nada. Queria um percurso que me possibilitasse trabalhar em algo. Via minha avó nos altos e baixos com a loja de móveis. Ora tendo tudo, ora tendo nada. Percebia ela vendendo imóveis para colocar dinheiro no negócio e sabia que a conta não fechava, por mais que ela fosse uma excelente negociante.

Eu buscava segurança, e o modelo perfeito era seguir carreira corporativa. Mas, para performar bem dentro do mercado, a entrega de resultado é o que importa. E eu começava a entender a lógica do negócio.

Quanto mais palestras eu dava, mais impactava as escolas, e mais latas de alumínio arrecadava, ajudando assim as escolas com os computadores. Logo, eu enchia a minha agenda de palestras. Tinha sido contratado para isso, e era o que eu faria da melhor maneira possível.

Minha dedicação era a de um jovem aprendiz que queria deixar uma marca por onde passasse. Tinha uma oportunidade em mãos. Tratava a questão das palestras para as crianças das escolas como se eu estivesse falando com presidentes de empresas. Não menosprezava o poder da comunicação e tentava dar o melhor de mim para que pudessem assimilar todo aquele conteúdo.

A princípio, eu não sabia como impactar as crianças. Fiquei pensando em mil maneiras que pudessem deixá-las interessadas no conteúdo que eu tinha a apresentar. Eu não podia simplesmente chegar lá e dizer "reciclar é importante". Então, comecei a procurar na minha própria infância referências que tivessem trazido alguma importância e estivessem marcadas na memória.

Lembrava das pessoas que visitavam o colégio quando eu era pequeno e da forma que elas atraíam a nossa atenção. A princípio, montei a palestra e a agência imprimiu em um *flip chart* para que eu levasse. Assim, eu treinava exaustivamente em casa, na frente do espelho, antes de me dirigir às escolas.

Só que aí tive uma ideia melhor. Com as palestras, eu só conseguia impactar crianças com mais de 10 anos e percebia que tínhamos um potencial gigante nas turmas menores. E então, eu sabia que precisava adaptar a linguagem ao público. Portanto, convenci a empresa a contratar um grupo de teatro de fantoches contando como a reciclagem era importante, assim as crianças pequeninas também poderiam aprender brincando.

"Vender" aquela ideia para a empresa tinha sido um grande desafio, eu tinha pouco mais de 18 anos, mas os meus argumentos faziam todo sentido. Expliquei à empresa que simplesmente dizer às crianças que "reciclar era importante" não trazia tanto impacto como gostaríamos e com o teatro obteríamos um impacto maior e mais crianças participando da coleta de "lixo reciclado", gerando nas suas casas e comunidades um efeito multiplicador do bem.

Esse trabalho estimulava as crianças a envolverem seus pais no mesmo propósito, para que todos pudessem juntar "lixo reciclável" e assim gerar benefícios para a própria escola. Eu notava que quanto mais propósito, mais eu ficava engajado na causa e mais conseguia trazer resultado.

Embora eu soubesse exatamente como chegar nas escolas, explicando o programa de reciclagem para a diretoria, não queria simplesmente dar uma palestra. Eu queria efetivamente fazer a diferença.

Era meu primeiro emprego em uma empresa que não era da minha família e eu entendia que precisaria gerar resultado e este só viria se eu conseguisse agendar muitas palestras e fazer com que as crianças aplicassem aquele conteúdo em seu dia a dia.

O objetivo maior seria ser reconhecido por fazer a diferença. Engajado e entusiasmado, dei meu melhor e em menos de dois anos fui contratado e imediatamente chamado para substituir a gerente de compras que sairia de licença-maternidade.

A responsabilidade era grande e como eu estava envolvido com todo o ciclo daquele programa de reciclagem, comecei a detectar oportunidades fora das escolas.

A primeira tentativa foi em restaurantes. Como a empresa percebia o resultado, deixava que eu tivesse novas ideias e as aplicasse... O crescimento se deu dessa forma. Quanto mais eu contribuía para a empresa, tentando fazer com que ela pensasse em soluções criativas, mais era beneficiado por trazer soluções que geravam algum resultado.

Vender ideias passava a ser uma especialidade. Quando surgiu uma vaga em outra grande empresa e eu fui indicado, resolvi encarar esse novo desafio. Seriam novos aprendizados, ganharia um pouco mais, teria comissionamento e eu adorei saber que receberia mais se fosse mais produtivo. Daquele momento em diante, era inevitável: eu iria vender.

Então, em 2001, com 22 anos recém-completados, comecei a trabalhar na Embratel, onde teria como atividade final as vendas, como nos meus 12 anos.

Uma das primeiras ações que fiz foi procurar o quadro de vendas e ver quem eram os melhores vendedores. Era claro para mim que, para ter sucesso rápido, um dos segredos era modelar quem já era um sucesso. Portanto, pedi para acompanhá-los em suas visitas e em suas abordagens telefônicas. Logo passei a anotar, aprender, perguntar... Sempre valorizando o trabalho deles e perguntando... "Por que você faz assim...?", "Por que você não pressionou neste ponto, por que você não respondeu assim...?" Em resumo, costumo dizer que aprendi com os melhores!

Percebi que existia uma grande parceria dos melhores com os Gerentes de Produto, pois o que vendíamos não era "trivial" e precisávamos entender as demandas dos clientes "nos detalhes" e, muitas das vezes, ajustar os produtos e ofertas.

Os especialistas eram os Gerentes de Produto, que se tornaram meu maior atalho. Mais tarde fui entender que, na verdade, os Gerentes de Produto entendiam de vendas e das ofertas porque conheciam as margens e sabiam como atender determinadas soluções.

Eles tinham muita experiência e conhecimento, e ficou claro para mim que me aliar a eles fazia com que eu ganhasse tempo e juntos encontrássemos as melhores soluções para os nossos clientes de maneira mais rápida e efetiva. O resultado é que eu ganhava mais dinheiro com isso.

"Se aliar e modelar os experts[2] faz com que você acelere, ganhe tempo e entregue mais e melhor aos seus clientes!"

Aprender a vender foi orgânico. Eu sabia que quanto mais eu ligasse para as empresas, mais eu conseguiria agendamentos e reuniões. Dessa forma, ligava muito, visitava mais e tinha um resultado acima da média dos demais vendedores. Entendia ali que existia uma lógica matemática em vendas: quanto mais eu fazia, mais tinha sucesso! Evidentemente que o foco e a determinação eram meus

---

2 Expert – indivíduo especialista no que faz.

grandes aliados. Mas ter resultados era mais simples do que as pessoas imaginavam.

A pergunta de todos que viam minhas metas batidas em pouco tempo era "Pedro, como você consegue esse resultado?"

Eu respondia que fazia 40 visitas ao mês. Eles ficavam surpresos, porque no segmento em que estávamos trabalhando, um vendedor fazia, em média, de 15 a 20 visitas, ou seja, a metade do que eu fazia.

Alguns vendedores reclamavam da lista de clientes, do "momento que chegavam aos clientes" para vender, de que a "empresa" precisava fazer mais para ajudá-los... Eram tantos melindres que eles próprios se convenciam de que não tinham qualquer responsabilidade pelo resultado que atingiam.

Eu já sabia que o resultado dependia de mim, portanto, assumia a responsabilidade, buscava as informações dos clientes nas Páginas Amarelas, que era um livrão cheio de endereços e coordenadas, como um Google de papel. Essa era a melhor ferramenta na época, e ninguém sonhava que tantos aplicativos facilitariam nossa vida anos depois. A estratégia para marcar uma nova reunião era simples: primeiro eu ligava, buscava falar com quem entendia do produto que eu queria oferecer, apresentava a marca que eu representava, marcava a visita e depois apenas visitava e mostrava as soluções!

Eu atendia a Zona Sul do Rio de Janeiro, ou seja, todas as grandes empresas da Zona Sul do Rio eram meus potenciais clientes. Com o tempo, passei a visitar os hotéis e vendi meu produto para quase todos da orla do Rio de Janeiro. Eu era conhecido na empresa como o "Rei dos Hotéis".

Conforme comecei a perceber os desafios na abordagem e a dificuldade de conseguir falar com os "decisores" das empresas, eu separei um dia por semana para ir de "porta em porta" em todas as empresas da Zona Sul. Muitas vezes, conseguia conversar com as recepcionistas e extrair informações importantes para abordagem – além do nome e do telefone, obtinha informações relacionadas à personalidade de quem decidia sobre aquele assunto na empresa, o perfil da pessoa, do que ele(a) gostava ou não, o time de futebol, em resumo, conseguia o máximo de informações para que, durante a ligação, ou mesmo nas reuniões, eu já soubesse mais sobre quem estava me atendendo. Constantemente eu observava a recepção, a sala em que era recebido, a maneira como os funcionários me tratavam, se eram educados, prolixos, desatentos… Isso tudo ajudava a ajustar a abordagem, porque fala muito sobre a empresa que você está visitando. Engraçado como isso serve para mim até hoje, não mais para venda, mas para tudo na vida! Ser atento aos lugares e às pessoas o ajudarão muito a realizar seus objetivos.

Hoje sigo com um mantra que diz: "Vendedor: a última coisa que você deve fazer é vender…" Pode parecer maluco e fora de contexto, mas tenho certeza de que quando estamos realmente interessados no outro, a venda acontece naturalmente e se não acontece é porque o seu produto não era para ele(a) naquele momento, o que é extremamente correto.

Não concordo, em hipótese nenhuma, em vender um produto para quem não precisa! Devemos vender algo que gere um efeito bom nas pessoas, resolva um problema, seja um pilar para conclusão do seu sonho, seja uma ferramenta que ajudará em seus estudos, crescimento…

Lembro sempre da minha avó, que não dava o preço pelo telefone para os clientes da loja e fazia o possível para fechar a venda cara a cara. Contrato assinado, eu saía lembrando da sabedoria daquela senhora portuguesa que fazia tudo do jeito próprio.

"Vó, por que você quer saber da vida do cara?"

"Meu filho, se eu não souber o que passa na cabeça das pessoas, como eu posso querer vender alguma coisa? Todos têm uma história para contar e adoram fazer isso… E eu adoro escutar, isso me conta muito sobre as pessoas e me ajuda a oferecer o melhor produto para elas."

Era esse o pequeno segredo que a minha avó tinha me passado quando eu ainda era um jovem aprendiz de marceneiro. Aquilo parecia um excelente insumo para a fórmula do sucesso.

CAPÍTULO 2

▪ O estrategista

"Como eu faço esse cara brilhar?"

Trabalhar como vendedor fazia com que eu entendesse o mecanismo das empresas. Era claro que para a empresa prosperar, tinha que ter resultado. Então eu me tornei aquele cara decidido a entregar resultado e deixar meus líderes satisfeitos.

Nessa época, eu percebia que no relacionamento com os superiores era fundamental deixá-los brilhar. Não tinha medo de falar com o presidente ou vice-presidente, apesar da minha pouca idade, eu olhava as pessoas independentemente do rótulo. Sabia que estavam em uma posição que eu admirava e mantinha uma única coisa em mente: fazer aqueles caras prosperarem.

Eu olhava para os meus superiores e sempre me perguntava: "Como faço esse cara brilhar?" Talvez você nunca tenha se dado conta, mas essa fórmula é infalível. Quando você está empenhado em fazer seus superiores brilharem, você naturalmente vai brilhar também. Na verdade, quando você se empenha em fazer o "outro" brilhar, é aí que você brilha!

Isso quer dizer que se ele brilha, você tem aumento, tem promoção. No mercado corporativo existe uma espécie de cadeia alimentar e é por isso que se você está debaixo de um líder que está bem, o resultado só depende de você.

Para se obter a máxima performance, é necessário que haja uma interdependência na equipe e as pessoas geralmente acreditam que são seres individuais e que não precisam dos outros para prosperar na vida. Quem pensa dessa forma ignora o processo e não alcança todo o potencial que poderia alcançar.

Hoje, como líder, sei que é minha responsabilidade dar informação às pessoas. Informação que elas usam se quiserem. Um bom líder também quer ver o seu colaborador brilhar. Hoje, depois de muitos anos de estrada e de inúmeros percalços que se configuraram em aprendizado, sei que o líder não precisa carregar ninguém no colo e também não tem que ter responsabilidade em fazer com que a pessoa faça. O líder deve criar processos que as pessoas consigam seguir e usar como guias, ajudando os seus times a seguirem em frente com mais velocidade, economizando tempo e dinheiro. Se um líder tem conhecimento e experiência, deve compartilhar, mas com a humildade de saber ouvir e se ajustar sempre!

A responsabilidade do líder é ser o melhor possível, ser o melhor pai possível, ser o melhor marido possível, ser o melhor ser humano possível e viver doando-se verdadeiramente no ambiente onde estiver.

Eu queria liderar, mesmo trabalhando como vendedor. Eu queria inspirar os colegas de trabalho para que eles também pudessem alcançar os melhores resultados possíveis.

Minha estratégia era fazer muitas visitas, melhorar a argumentação diante dos motivos de recusa, conhecer mais e mais os produtos... Eu realizava mais visitas que todo mundo e isso fazia a diferença. Quanto mais visitas eu fazia, mais oportunidades descobria – oportunidades de melhorar minha abordagem e ampliar meu conhecimento, e também mais oportunidades de negócios. Não tinha muito segredo, só precisava ter disposição e foco. Além disso, eu usava a estrutura da empresa em meu favor, assim conseguia dar foco no levantamento de oportunidades enquanto o time fazia a sua parte. "Cada macaco no seu galho!" Isso pode soar batido, mas é a mais pura verdade; quem se acha o Super-Homem, que resolve tudo sozinho, acaba realmente sozinho e com um resultado de Super Herói Americano[3]!

Alguns profissionais não "curtem" rotinas e processos, **mas o sucesso tem uma lógica**, então se você não aceitar criar os chamados "rituais" na sua vida, muito dificilmente obterá sucesso em alguma coisa! Da atitude mais simples à mais complexa, existe uma lógica a seguir, então desde sempre criei "rituais" para o sucesso, e o mais legal é que eles são dinâmicos, ou seja, dificilmente se tornam maçantes, basta ajustar e adaptar, e sempre torná-los divertidos.

Mas, voltando à minha vida de vendedor, gosto do exemplo do preenchimento do "Funil de Vendas", e sei que muitos vendedores não gostam de preenchê-lo. O Funil é uma sequência lógica das negociações, ou seja, se você é um vendedor, normalmente deve lançar suas oportunidades em um Funil de Vendas. Eu, desde o meu primeiro trabalho como vendedor, sempre preenchi o funil. Por quê? Porque entendi que existia uma lógica e ela me ajudava a ter uma visão de todas as minhas negociações, conhecer cada etapa do processo, medir o tempo desde o primeiro contato telefônico e da primeira visita até o fechamento, o que me ajudava a ter uma visão sistêmica do ciclo da venda! Mas vou dar mais detalhes deste assunto mais a frente!

Na época, estávamos distantes da tecnologia que deixava a assinatura de um contrato a um toque do celular. Tudo acontecia de maneira arcaica se comparada a hoje em dia, mas na época era o modo como os contratos eram fechados. A empresa em que eu trabalhava tinha um time de contas para atuar comigo, tínhamos um engenheiro que era o consultor técnico, um especialista de contratos – que nos auxiliava no preenchimento e na impressão da "papelada" para a contratação dos serviços – e um time do financeiro.

---

3   Super Herói Americano foi uma série norte-americana da rede ABC, que foi ao ar de 1981 a 1983. No Brasil, foi exibida em meados dos anos 1980 no SBT. Apresentava as aventuras de Ralph Hinkley, um professor que havia sido presenteado por extraterrestres com um uniforme (semelhante ao do Super-Homem) com poderes especiais. Porém, ele perdeu o manual de instruções e sempre ficava atrapalhado com seus poderes. Ao voar, por exemplo, geralmente se esborrachava no chão ao aterrissar.

Eu entendia que as empresas tinham seus departamentos e áreas e quanto mais sinergia e autonomia essas áreas tinham, mais agilidade e sucesso eu conseguia. Para ilustrar o que estou mencionando, gosto do exemplo do preenchimento dos contratos que assinávamos. Existia espaço para colocarmos três nomes, com telefones e e-mails dos responsáveis por cada setor – um comercial, um técnico e um financeiro –, e eu via que alguns vendedores colocavam um mesmo nome para os três setores, sempre o do seu contato mais ativo nas empresas. Mas se existiam três opções, devia ter uma razão… Bingo. Por uma "ilusão de agilidade", os vendedores colocavam o mesmo contato, e isso era ruim no médio prazo, pois a nossa empresa passava a abordar o nome indicado para assuntos técnicos e às vezes financeiros… que não eram da sua alçada, e algumas vezes isso gerava desconforto e uma ligação do cliente reclamando para o vendedor.

Ou seja, muitas vezes "ser rápido" em uma etapa de um processo pode gerar consequências futuras. Entender a razão pela qual as coisas existem e estão ali ajudará você em muitas coisas na vida, até mesmo, ou principalmente, para gerar mudanças! São nas lições mais simples que temos muitas mensagens!

As sacadas iam sendo assimiladas conforme as coisas aconteciam. Muitas coisas eu aprendia com pessoas de sucesso. Eu começava a entender sobre experiência andando com quem trabalhava de uma maneira que eu admirava. Eu sempre fui e sou humilde para admirar e escutar quem brilha e sou inteligente para escutar também os que têm menos sucesso, assim consigo tirar minhas conclusões! E vou lhe contar um segredo, quem brilha está no comando da sua vida e quem está apagado responsabiliza e terceiriza todo o seu insucesso.

No começo, eu simplesmente pedia para ir junto com os vendedores nas reuniões. Observava a maneira como conduziam o negócio e percebia que eles pediam ajuda aos clientes para fechar as vendas. A primeira vez que presenciei esse tipo de relação, estranhei. O vendedor dizia para o cliente: "**Preciso chegar neste número, me ajude a fechar este negócio**".

Essa intimidade só era possível porque ambos tinham construído uma relação e o cliente realmente precisava do produto oferecido. Percebi que outros vendedores só sabiam criar condições puramente comerciais, frias, sem se conectar ao negócio, ou seja, tratando aquela relação como algo trivial em sua vida, e não como parte real dela.

Quando somos verdadeiros e íntegros em todas as relações, tudo flui de maneira mais transparente. É como se você pudesse colocar as cartas na mesa e se o cliente não tem o poder de decisão final, a estratégia também conta, porque ele pode ser um grande influenciador no processo e levar você ao topo.

Depois que entendi isso, passei a criar oportunidades para fechar negociações importantes. Levava os clientes para shows, me relacionava com eles e usava as ferramentas que a empresa dava para poder viabilizar os negócios; na verdade, o que eu fazia na época de maneira intuitiva era "fazer o cliente brilhar"!

Essa estratégia começou a dar tanto resultado que, quando percebi, estava com 26 anos recebendo um convite do vice-presidente da empresa que saía para trabalhar na concorrente. Diante dele, quando decidi aceitar a proposta que me tornaria líder de fato pela primeira vez, percebi que ele olhou curioso para o meu currículo.

"Algum problema?", perguntei. Ele me olhou com uma espécie de admiração reservada e prosseguiu: "Se eu soubesse que você tinha essa idade, não o teria contratado".

Eu havia participado de um vasto processo de entrevistas e todos os candidatos eram executivos com mais de 40 anos de idade.

E esse foi o momento em que começaria a subida na minha carreira executiva! Assumia a gerência executiva de vendas de três regiões do Brasil – Rio de Janeiro, Espírito Santo e Nordeste – em outra gigante das telecomunicações no mundo. A vida estava apenas começando.

▪ Liderança eficiente

Como conquistar resultado sem se tornar uma máquina

Escrever um livro é, de fato, se desnudar para o leitor. Eu não tenho a pretensão, aqui, de pintar uma realidade que não corresponde a que eu vivi. Portanto, a partir de agora, segure firme o livro que vem bomba: a verdade é que logo que eu me tornei um líder, descobri que não sabia liderar.

Isso é comum acontecer no mercado corporativo. Vivemos em um clima de competição que satisfaz nosso ego e conforme vamos tendo resultados expressivos, começamos a menosprezar o resultado de quem não consegue chegar no nosso patamar.

Eu era um excelente vendedor. De férias, entregava meu resultado. Chegava no décimo quinto dia do mês e já tinha batido a minha meta sem qualquer dificuldade.

Qual foi o grande aprendizado nesse período? Eu comecei a achar que as pessoas tinham que funcionar como eu funcionava.

Na minha cabeça, o funcionamento era muito simples: tinha que estudar o portfólio de produtos, efetuar muitas visitas, fazer propostas e falar com o cliente; mas o que "eu via" era que as pessoas simplesmente não faziam o que deveria ser feito. Elas levavam a vida de qualquer jeito e reclamavam de tudo e de todos...

Eu escutava reclamações o tempo todo. Ora era sobre a empresa, ora sobre a vida, ora sobre a crise econômica, ora sobre azar. Todos acreditavam que a culpa era do mundo, e não deles próprios.

Um colega de trabalho que estava acima de mim na época, concordava com o estilo mais ogro de liderar. Ele dizia assim "Svacina, porrada mesmo... não afrouxa".

E eu continuava tendo uma excelente performance, mas massacrando a vida do meu time. Isso aconteceu sem que eu pudesse perceber. Até que em determinado momento a empresa me chamou numa sala.

Eu não entendia o que poderia estar acontecendo, já que entregava resultado mais do que qualquer equipe.

– A sua equipe não gosta de você!

Respirei fundo. Como assim, a minha equipe não gostava de mim?

Eu me achava perfeito. Tinha resultado, era amado pelos meus superiores e exigia dos meus subordinados. Para mim, liderança era sinônimo de entregar resultado. Nem de longe desconfiava que estava deixando o emocional dos meus colaboradores em frangalhos.

O *feedback* foi delicadamente no ponto. Aos poucos, eles tentaram me fazer perceber que falar as coisas sem qualquer filtro não era o melhor negócio.

Na minha mente, uma retrospectiva dos últimos seis meses rodava. Quando alguém dizia que não estava indo bem, eu respondia "não está indo bem porque você não visita, querido. Você só sabe reclamar".

Eu era um leão que atacava a jugular das pessoas, sem piedade. Quem vinha reclamar, ouvia críticas. "Você não vende porque passa o tempo todo no escritório. Não tira a bunda da cadeira. Você não vai bater a meta nunca, filho, você não vai bater a meta nunca!"

Enquanto eles me diziam que minhas críticas estavam tendo uma repercussão negativa, eu relembrava como estava agindo e começava a perceber que aquele não era exatamente um jeito interessante de liderar.

Se eu queria inspirar as pessoas, precisava ser um exemplo e conduzi-las à reflexão, sem apontar tão ardentemente suas falhas.

Era comum que a repercussão das reuniões comigo fossem extremamente negativas. Ninguém me via com bons olhos. Os únicos que se davam bem comigo eram aqueles que entregavam os números, que faziam visitas, que não ficavam no escritório.

Enquanto revia mentalmente a maneira como falava com os vendedores, comecei a perceber que a conversa era mais ou menos na base da porrada.

– Tá fazendo o que aqui? – Eu costumava perguntar quando via um vendedor ocioso.

A resposta vinha imediata:

– Eu estou ligando para agendar visitas...

Eu logo rebatia, intransigente.

– Não. Eu estou na minha mesa e não vi você pegar no telefone. Você não está ligando. Você está distraído na internet e depois reclama que não bate a meta.

No fundo aquilo acabava funcionando, mas o estresse que gerava nos colaboradores era reflexo da minha conduta profissional. Eu ainda não tinha a forma certa de falar com as pessoas, nem sabia que era necessário ter uma inteligência relacional que proporcionasse resultados aliados com uma equipe afinada com o líder.

Embora a equipe estivesse alinhada, a empresa constatava que aquele não era o melhor dos mundos e eu fiquei surpreso em não ter percebido isso antes.

Eu achava, na época, que quando alguém da equipe dizia que o número estava ruim, aquela pessoa estava pedindo para que eu fizesse o seu trabalho. Percebia que muitas pessoas tinham preguiça de pensar e delegavam a solução para o líder, que precisava dar as respostas mastigadas. Percebia que não tinham iniciativa, não buscavam alternativas, e isso me deixava maluco!

Logo eu, que tinha crescido com uma mãe que nos dava autonomia para que levantássemos da cama sozinhos, tomássemos o café e fôssemos para a escola. Logo eu, que sabia das minhas responsabilidades desde cedo e não as delegava para ninguém, nem esperava ser cobrado pelo resultado de algo.

Aquele cenário era absolutamente novo. Mas eu já estava percebendo como o cérebro humano funcionava. Sabia que a procrastinação era algo da natureza do ser humano que busca economizar energia.

Eu me lembro até hoje quando comecei a fazer atividade física. Era um cara que tinha zero de vontade de malhar e me sentia péssimo por isso. Estava acima do peso e não sabia como começar a correr.

Certa vez, li um livro do Dr. Drauzio Varella em que ele dizia que acordava, calçava o tênis e ia para a rua porque se ele parasse para pensar, não saía para correr.

Essa frase criou um gatilho na minha cabeça. Quando eu falo que o ser humano é preguiçoso, não é pejorativamente, é quimicamente. A gente é porque o nosso corpo diz: *não gaste energia, porque pode faltar alimento*. Só que o alimento, hoje, está no supermercado. Ele não está mais na selva.

Então, tem uma questão lógica que eu aplico na minha realidade. E o que eu quero dizer com isso? Você tem que saber falar com as pessoas, e nem sempre quando falar a verdade nua e crua a pessoa conseguirá ouvir. Quantas vezes, ao conversar com uma pessoa, você entendeu uma coisa e ela estava querendo lhe dizer outra? Não é só a forma de dizer, mas criar um processo em conjunto pode ajudar a garantir o entendimento, perguntar e esperar pelas respostas, sem que o seu cérebro ou sua boca disparem... É difícil, mas necessário para que uma comunicação flua e seja eficiente!

Isso é muito comum em um relacionamento amoroso, porque como você tem uma intensidade e não tem uma hierarquia, as brigas e verdades aparecem mais rápido do que em um ambiente corporativo. Quando percebi que isso me prejudicava, caíram várias fichas. Eu saí daquela sala assistindo minha vida em câmera lenta, como se desse um *replay* em algumas cenas.

Vi o dia em que tinha sido ríspido com um garçom que tinha derramado uma bebida na minha roupa, vociferando que a única coisa que ele deveria saber era segurar uma bandeja e nem isso sabia fazer direito. Vi o dia em que a Tessy me fez voltar em um posto de gasolina onde eu tinha tratado mal um funcionário para lhe pedir desculpas.

Percebi o quanto tinha estado desatento com as pessoas e como isso havia me prejudicado como ser humano. Eu vivi buscando cada vez mais resultados e eficiência, e esqueci que não éramos máquinas. Éramos pessoas. E o que diferencia as pessoas umas das outras é a capacidade de sentir, amar e ser amado.

Daquele dia em diante, eu sabia que precisava agir, porque eu não queria que as pessoas gostassem de mim simplesmente para ser alguém popular. Eu não achava digno ter a postura de magoar pessoas, independente se estavam ao meu lado ou se simplesmente as encontrei por alguns segundos. E eu fazia isso constantemente, sem sequer me dar conta de que aquelas que me rodeavam estavam emocionalmente exaustas com meu comportamento.

Ter essa consciência fez com que eu aprendesse uma grande lição de liderança e de ser humano que me colocou em um outro patamar. Um líder precisa incluir o outro ser humano que está diante dele, reconhecendo e admitindo que todos temos nossas dificuldades.

Eu não podia continuar insensível dentro do ambiente de trabalho. Era urgente que eu humanizasse as relações profissionais. Era lamentável que eu tivesse chegado naquele nível de hostilidade diária, mas era cada vez mais comum e aceitável que os ambientes de trabalho tivessem líderes com posturas daquele tipo.

De tão aceitável, aquilo se tornava comum.

Hoje, em nossa vida, temos uma demanda de contatos diários e frequentes com pessoas de diferentes tipos. Um líder precisa ter a sensibilidade de lidar com as respectivas ansiedades e transformar as pessoas sem criar abalos sísmicos nas relações de trabalho.

Aquele Pedro implacável, que não se perturbava com nada, tinha uma postura que não favorecia as interações humanas. Dessa forma, em vez de potencializar as relações, eu as fragilizava.

Ciente dessa negligência, percebi que estava ao meu alcance mudar aquela realidade. Eu podia criar vínculos saudáveis se trabalhasse a mim mesmo, aceitando aquele *feedback* e modificando a maneira como interagia com as pessoas dentro do ambiente de trabalho.

A reflexão que bateu forte naquele dia me fez entender que era vital analisar meu comportamento diário e era minha responsabilidade transformar a mim para transformar as pessoas que estavam ao meu redor.

A caminho de casa, fui reconfigurando a minha mente, mas era impossível deletar as imagens mentais das cenas em que eu tinha sido arrogante e prepotente. Naquele dia, quando cheguei em casa, percebi que ainda tinha muito a aprender. Talvez a primeira frase que tenha vindo à cabeça foi uma velha expressão de Jung que dizia: "Conheça todas as teorias, domine todas as técnicas, mas ao tocar uma alma humana, seja apenas outra alma humana".

Era aquilo que eu precisava naquele momento.

▪ O líder humanizado

O que o Homem de Lata quer com o Mágico de Oz?

Existe uma cena em *O Mágico de Oz* na qual um dos personagens, o Homem de Lata, discute com o Espantalho sobre a necessidade de se ter um coração. O Homem de Lata insiste em querer um coração, enquanto o Espantalho diz a ele:

– Ainda assim, quero um cérebro em vez de um coração, porque um tolo não saberia o que fazer com um coração se tivesse um.

– Fico com o coração – é o que responde o Homem de Lata. – Porque cérebro não faz ninguém feliz e a felicidade é a melhor coisa do mundo.

Eu já tinha essa sensibilidade dentro do núcleo familiar, mas precisava aprender a transportar aquele Pedro para o mercado corporativo.

A primeira providência foi trabalhar com um coach que me ajudou a entender como eu estava impactando negativamente as pessoas em vez de levá-las ao topo. Era curioso que, diante daquela crise, eu perguntava a mim mesmo como não tinha entendido que as minhas atitudes regidas pela máquina impecável que era o meu cérebro tinham piorado as relações com todas as pessoas que eu liderava no ambiente de trabalho.

Eu precisava urgentemente mudar a postura, porque entendi que isso era negativo para mim, me prejudicava e não ia me fazer alcançar o meu objetivo maior, que era transformar a vida das pessoas. Eu queria que as pessoas tivessem uma alta performance como eu buscava em mim.

Quando entendi que o impacto que eu causava era negativo, surgiu em mim uma consciência. Eu precisava despertar nas pessoas o desejo de vencer e precisava criar estratégias sem ser agressivo.

A princípio, comecei a chamar os integrantes da minha equipe individualmente, ouvindo cada um de verdade, e passei a montar plano de trabalho um a um, tentando entender as dificuldades de cada um, e exaltando tudo que era bom.

Percebi que eu costumava ressaltar o que era ruim em vez de dar *feedbacks* positivos. Aos poucos, eu entendia os perfis, sempre partindo do princípio que a pessoa não deixava de entregar resultado porque queria; eu trabalhava internamente para ser genuíno e acreditar no que me era dito, sem julgar ou usar a "minha régua" para comparar.

A base das conversas passou a ser empatia e compreensão. Então, comecei a separar os perfis. Entendi que existiam padrões e que, se eu criasse uma forma de separar os padrões, ajudaria mais e melhor o meu time. Tinham os que falavam bem, mas visitavam pouco. Os que visitavam pouco e fechavam muito, os que *batiam* a meta. Entendi que os perfis se diferenciavam e que os que tinham um resultado melhor se "sentiam" donos do negócio ou conheciam muito bem os processos e produtos, então havia uma lógica mais profunda.

Ou seja, se tivéssemos processos mais simples, treinamentos interativos dos produtos e fornecêssemos ferramentas que pudessem alavancar a produtividade, poderíamos melhorar o resultado de mais colaboradores, e não só daqueles que "faziam acontecer" independentemente da "tempestade" que estivesse lá fora!

As minhas construções ao lado dessas pessoas passaram a ser diferentes. E escutava muito para entender a "construção dos pensamentos e das verdades de cada um", isso me ajudou a entender como eu poderia colaborar com a minha experiência e, ao mesmo tempo, passei a aprender mais.

Com essa nova forma de liderar, eu conseguia crescer ainda mais como líder e como ser humano. Quando passei a ouvir e entender como as pessoas diferentes de mim pensavam, pude compreender os padrões e finalmente "partir para ação", ajustando processos e até mesmo trocando pessoas que não estavam no lugar certo no momento.

O resultado foi que além de ver uma melhora considerável nos resultados individuais da equipe, estes alavancavam o resultado do grupo como um todo.

Era comum montarmos planos e as pessoas pararem para refletir: "O que eu poderia ter feito de diferente?". Quando estimulamos as pessoas com boas e genuínas perguntas, o resultado é extraordinário. Pensamentos como "O que fiz até agora me levou até aqui, então, o que aprendi? O que funcionou e o que não funcionou e por quê?

Aquilo gerava autorresponsabilidade. Nesse novo formato pude perceber que as pessoas pensavam, de verdade, como tinham agido até então e como poderiam melhorar. Além disso, elas traziam fatos capazes de gerar uma ação pessoal minha como líder para ajustar certos processos, melhorar comunicações internas e criar novas ofertas.

Antes, quando eu dizia a uma pessoa o que ela tinha que fazer, ela entendia aquilo como uma crítica direta ao seu trabalho e aí se bloqueava e passava a não escutar mais o que eu estava falando, isso porque a pessoa não me admirava plenamente, então era muito difícil que acreditasse em mim...

Com a minha nova postura de trabalho, aos poucos fui conquistando a equipe e identifiquei perfis repetidos que me facilitaram na construção lógica, pois eu queria criar um método para que todos conseguissem alcançar seus objetivos, chegassem no "seu topo". Dessa forma, identifiquei que todo vendedor, que era o meu foco na época, tem 3 características muito fortes, ou seja, trabalhando essas características, qualquer empresa terá sucesso e seus resultados se multiplicarão.

Pensando como os vendedores funcionam (de forma pragmática e simples), você garante o sucesso do seu negócio. Não pense aqui, neste exemplo, apenas como vendedor, isso se aplica a qualquer canal de venda, já que se você precisa de venda na sua empresa, é necessário estar atento ao que vou explicar a seguir:

- Vendedor é inteligente;
- Vende o que é mais fácil;
- Vende o que lhe dá mais dinheiro.

Parece simples, e acredito que tudo que é simples dá certo! Então, vamos lá!

Quando digo, no item 1, que o vendedor é inteligente, quero dizer que não adianta "mentir" para o vendedor, ou contar "meias-verdades" do produto ou da oferta; em pouco tempo, ele identificará os *gaps* e se não se certificar de que a empresa mudará esses pontos, ele vai parar de vender o produto! Então, amigo, vendedor é inteligente, não enrole os caras!

Como mencionado no item 2, o vendedor, de fato, sempre vende o que é mais fácil. Isso não é pejorativo, mas sim um recado claro para quem desenvolve os produtos e os sistemas de *input* de vendas. Por exemplo, vender um helicóptero não é para qualquer um, trata-se de uma venda complexa e, neste caso, o vendedor quase sempre é um engenheiro ou no mínimo um técnico do setor, sendo um profissional com uma bagagem extensa que pode compensar os *gaps* nos processos. No entanto, quando vamos para um mundo mais genérico – pois vender helicópteros é algo bem específico –, temos que entender que quanto mais fácil for o sistema, o *book* de produtos e ofertas, mais sucesso você terá nas suas vendas.

Durante toda a minha carreira, vi muita complexidade gerada por áreas que não entendem os trâmites de "segurar uma pasta"; então, se você é um empresário, um gerente de produtos ou exerce algum cargo que não seja de vendas, mas quer ampliar os resultados de seu negócio ou de onde você trabalha, a primeira dica é: vá para a rua acompanhar seus vendedores e ESCUTE, ACEITE, TRABALHE e CORRIJA OS ERROS MAPEADOS para melhorar. Os campos virtual ou físico precisam ser experienciados por todos da empresa, muitos "insights" vêm do campo de batalha!

E, por fim, o item 3: o vendedor vende o que mais lhe rende dinheiro! Adoro esta afirmação, pois ela só acontece quando os itens 1 e 2 são correspondidos. O comum é a área de produtos colocar uma "big" comissão em um determinado produto, porém, se os itens 1 e 2 não funcionam, não tem jeito, o vendedor venderá outros produtos, aqueles que funcionem e que tenham mais facilidade em acontecer, pois isso dá a ele a sensação de estar ganhando mais, ou seja, nem sempre o "drive" dinheiro direciona o vendedor. Muitas vezes, um ajuste no processo e/ou na oferta alavancam muito mais as vendas do que um aumento unitário de comissão.

Não seja superficial, entre nos detalhes dos "porquês" do seu produto ou serviço não estar vendendo bem, não simplifique o diagnóstico e, muita atenção, seja rápido, acompanhe o que estiver acontecendo no "campo de batalha"; caso contrário, você perderá os seus melhores profissionais em um "piscar de olhos", e sabe por quê? Porque são eles que enxergam as falhas primeiro e as comunicam. No entanto, muitas vezes o empresário está tão focado no "ego" da sua empresa e do seu negócio que simplesmente prefere acreditar que o vendedor seja apenas um "chorão".

O bom vendedor entende essa interpretação e vai para uma empresa que quer melhorar e crescer. Portanto, caso você seja o tipo de líder que menospreza a opinião dos vendedores, pode correr o risco de ficar apenas com os profissionais ruins. Depois não reclame que a empresa quebrou!

Esse aprendizado mudou completamente a maneira como eu me relacionava com as pessoas. Eu tinha uma colaboradora que dizia: "Eu tenho muitos problemas com os meus clientes".

O "novo" Pedro se reunia com ela e fazia com que ela detectasse todos os problemas. O "antigo" diria o seguinte: "Como você tem problemas? Você tem 12 clientes, não pode ter 12 clientes e ter problemas, tem que visitar o cliente e resolver".

Mesmo que a pessoa reclamasse sem qualquer embasamento, eu entendia que precisava inspirar, que precisava liderar. No momento em que comecei a criar essa dinâmica participativa, escutando e estimulando o detalhamento dos "problemas", percebi que as pessoas começaram a ficar mais motivadas.

Comecei a notar atitudes bem curiosas: integrantes da equipe que se dirigiam para a minha sala e, no meio do caminho, quando se davam conta de um *insight* para encontrar a solução, eles retornavam, nem chegavam a entrar na sala, ou seja, muitos começaram a resolver os problemas por conta própria, se sentindo cada vez mais capazes.

No fundo, eles sabiam que eu não daria mais nenhuma bronca ou uma resposta rude. Eu as faria pensar no que fazer.

A chave está em escutar as pessoas, entender o que elas pensam e quais são as suas dores, mostrar que você se interessa por elas, que não está ali de passagem...

Ao fazer isso, eu criei um ciclo muito mais legal de se viver. Foi aí que eu saí de um grande vendedor para me tornar um líder e comecei a entender que precisava ser humano e autêntico para energizar as pessoas ao meu redor.

A necessidade de acionar o coração sem deixar o cérebro de lado tinha surtido efeito. E eu nem precisei do Mágico de Oz.

CAPÍTULO 3

▪ Chegando ao topo

Sem saber onde ele fica

Admiração é uma coisa que nasce quando a pessoa que nos impacta positivamente causa efeitos colaterais que reverberam por dias. Com o Rivo era assim. Desde o dia em que eu o vi pela primeira vez, senti que era uma pessoa cheia de energia.

Agradável, papo bom, ele era diferente de muitas pessoas do mercado corporativo que se comportavam feito robôs, sem muita interação emocional. Estar diante de um homem humano e sensível como ele me fazia rever alguns conceitos preconcebidos.

Eu o conheci durante uma entrevista de emprego. Estávamos crescendo profissionalmente e tive a oportunidade de migrar para outra grande empresa de telecomunicações que tinha feito uma grande aquisição, cujo modelo de negócios eu conhecia e dominava.

Depois de ter sido indicado, dei de cara com o Rivo diante de mim. Um carioca típico, surfista, alegre e divertido. Ele conversava comigo como se estivéssemos tomando uma cerveja na praia do Leblon e ao lado dele eu me senti bem. De terno e gravata, a primeira coisa que ouvi foi que ali não precisava ir paramentado.

– A gente vai cuidar de pequenas e médias empresas – disse ele enquanto eu o observava de jeans e camisa social mais descontraída.

Minha resposta foi que eu estava sempre preparado, me referindo ao terno e à gravata. Aquele era eu, curioso e pronto para qualquer desafio que batesse na minha porta. Estava excitado com a possibilidade de poder viver uma vida com propósito. Já me conhecia o bastante, tinha passado por um grande aprendizado, assimilado as críticas e crescido como profissional e ser humano.

Eu achava que já tinha respostas para tudo, mas ao menos me conhecia profundamente e percebia o quanto as pessoas demoravam para conhecer a si mesmas. Quando não conhecemos a nós mesmos, ficamos distantes do nosso propósito e não conseguimos encontrar sentido na vida, nem trabalhar com paixão.

Ali, diante do Rivo, surgia uma expressão que passaria a fazer parte da minha vida: "poderoso e energizado". Um conceito de vida que descrevia exatamente o que aquele cara que mal me conhecia transmitia.

Sem conhecê-lo, eu já tinha vontade de trabalhar ao lado dele.

Nesse ponto, já me considerava um líder humano, embora ainda não tivesse conhecido alguém tão informal dentro do mercado de trabalho.

Foi quando ele interrompeu o fluxo dos meus pensamentos, dizendo:
– Você é carioca. Está perdido em São Paulo. Vamos voltar para o Rio.

Abri um sorriso, já pensando na possibilidade de voltarmos todos para o Rio (Tessy e as crianças, ainda bebês, estavam morando comigo em São Paulo havia 2 anos, além de ser uma oportunidade para todos nós ficarmos mais próximos da nossa família, nossos pais, primos e amigos).

Quando saí dali, tinha sido conquistado por um sujeito que sabia envolver com as palavras e criar um clima de intimidade e confiança, um cara que demonstrou muita inteligência, sem deixar de falar de negócios. Era um novo aprendizado que eu colocava na minha mochilinha de conhecimentos adquiridos.

Cheguei em São Paulo e recebi uma ligação dele contando que a empresa ia me ligar. Fiquei surpreso. Era uma transparência e uma pureza de espírito que poucas vezes eu tinha visto.

Rivo havia sido muito transparente, foi verdadeiro durante toda a entrevista. Ele reforçou minhas qualidades em vendas e disse que eu poderia ajudá-lo, pois tinha uma grande formação em Marketing, e entendia que isso seria muito bom para formarmos um time. Simples, sem querer se impor como chefe, mas demonstrando-se um líder nato! Vi um cara no mundo corporativo sem medo de demonstrar fraqueza, pois, para ele, era lógico que não se tratava de uma fraqueza, e sim uma atitude forte identificar o que ele precisava reforçar na sua equipe.

Isso fazia com que eu conseguisse entender uma nova dinâmica e algumas fichas começaram a cair.

Quando começamos a trabalhar juntos, eu sentia que podia impactar as pessoas de forma diferente. Poderia impulsioná-las e fazê-las trabalharem no seu melhor estado. Ainda não tinha feito nenhum grande treinamento de desenvolvimento pessoal, mas, dia após dia, via no Rivo uma conexão e uma facilidade de relacionamento que me inspiravam.

Após seis meses de trabalho, ele foi para outra área e eu me tornei diretor da empresa. Ganhei 47% de aumento, um carro e comecei a rever a minha trajetória até aquele momento. E foi, claro, o Rivo quem me indicou como seu sucessor, ajudando a mudar mais uma etapa na minha carreira. Agora, eu era diretor de um grande segmento em uma das maiores multinacionais do mundo em Telecomunicações!

A minha humanização como profissional tinha ocorrido após a aceitação de um *feedback* que fez com que eu construísse um novo ser humano. Foi a partir dali que ocorreu uma importante transição profissional que me capacitava para atuar como executivo.

Eu sabia como entregar resultado e como impactar e inspirar outras pessoas a darem resultados. Sabia que elas só conseguiriam se entregar ao que faziam quando estivessem apaixonadas pelo processo e pelo crescimento.

Naqueles dias, como diretor, eu me sentia pleno e realizado. Acreditava que estava vivendo uma vida poderosa e energizada, levando aquilo que era extraordinário para meus filhos. Eles tinham as melhores escolas, as melhores experiências, e eu, que era envolvido com tudo que pudesse fazê-los sentirem a plena experiência da felicidade, de repente me senti como uma pessoa capaz de planejar e controlar tudo.

Era como se nada mais na vida fosse acidental. Eu enxergava todos os caminhos como consequências de nossas ações, tudo era resultante do que fazíamos. O líder, que antes era ríspido, tinha dado espaço para um homem que considerava as pessoas.

Tudo parecia uma vida perfeita.

Eu acreditava que o ser humano tinha a capacidade de se tornar perfeito e que, quando nos tornávamos a melhor versão de nós mesmos, não haveria um problema sequer que não pudéssemos resolver.

Aquele "resolvedor de problemas" não contava com a imprevisibilidade do destino, que teimaria em dizer que não dava para controlar tudo.

Eu aprenderia a mais difícil das lições, da maneira mais dura que eu poderia imaginar. E aquilo estava prestes a acontecer justamente no momento em que eu achava que estava no topo.

▪ A fragilidade da vida

Perder tudo. Para uns, perder tudo pode significar ter uma derrocada profissional, uma rasteira financeira, um prejuízo incalculável nas finanças. Para outros, pode significar a perda de um cargo importante.

Eu nunca tinha imaginado o que significava perder tudo até aquele dia, diante do médico da Tessy. Enquanto ele dizia pausadamente sobre o câncer que estava instalado no corpo dela, eu ficava mecanicamente pensando em maneiras de resolver aquilo.

Eu queria encontrar uma equação matemática que tivesse uma solução pronta para que continuássemos nossa vida, felizes como sempre tínhamos sido.

Mas não era possível. Jogar debaixo do tapete aquela sensação de impotência absoluta não seria o melhor a fazer. Decidimos, em primeiro lugar, encarar aquele sentimento que eu particularmente nunca havia tido.

Era desconfortável para um cara tão planejador que algo saísse do controle ou encontrar resultados imprevistos.

A Tessy é a pessoa mais importante da minha vida. Como mencionei, nos conhecemos aos 12 anos de idade, quando começamos a namorar e, entre idas e vindas, ela sempre foi uma espécie de luz que iluminava todos os meus caminhos.

É seguro andar ao lado dela, ela é a esposa mais perfeita que eu poderia sonhar e, até então, tudo que eu tentei fazer para proporcionar grandes experiências para ela e para os meus filhos tinha sido fruto de um planejamento que seguia a regra de dedicar o melhor para todas as pessoas com as quais eu convivia.

Além de ser o grande amor da minha vida, Tessy é a mãe dos meus filhos e sempre me incentivou em tudo que eu fazia. É por ela e para ela que eu acordo todos os dias buscando o melhor. Mas, naquele momento, nada parecia fazer sentido se o sentido da minha vida estava em risco.

Pela primeira vez eu me via impotente. Justo eu, que tinha criado uma filosofia no trabalho que dizia que na vida deveríamos ter apenas 30 minutos de luto para tudo.

Trinta minutos de luto significava que tínhamos que encarar o problema, aceitar o problema e partir para a resolução, sentindo a dor na carne e depois seguindo adiante para poder encontrar uma solução.

Então, a primeira decisão foi tomar a responsabilidade de aceitar aquele caminho e perguntar o que poderia ser feito. Seguimos um protocolo tradicional, sem questionar ou buscar outro tipo de conhecimento.

Foi assim que ela seguiu para as sessões de quimioterapia, enfrentou a depressão pós-quimioterápica e se deparou com as faces mais profundas do medo enquanto eu tentava ajustar o leme da vida.

Nesse período, diante da fragilidade de tudo, começamos a olhar a vida de outra forma e valorizar outros pilares para os quais eu não estava totalmente desperto. Eu, um executivo que estava empenhado em alcançar o topo, acreditando que sucesso profissional era equivalente ao ápice, me vi ressignificando minha trajetória.

A vida era muito mais que trabalho. Eu sabia que o trabalho era importante e que através dele eu conseguiria ter acesso a outros pontos, dando educação aos meus filhos e melhorando a qualidade

de vida dos meus pais, e também tinha consciência de que através do trabalho eu poderia evoluir como ser humano.

Até aquele momento, toda a evolução que eu tinha tido havia sido por causa do trabalho. O trabalho, remunerado ou não, tinha sido algo fundamental na minha existência. Ele me elevou para um outro patamar de vida.

Naqueles dias e noites, quando observava a Tessy tentando sorrir para não nos deixar preocupados após uma sessão de quimioterapia, entendi que para se ter uma vida extraordinária é preciso olhar para outros pontos. O topo não era chegar ao cargo de CEO de uma grande empresa, ou obter resultados financeiros consideráveis por conhecer bem alguma coisa.

Percebi que eu não estivera presente espiritualmente para aquilo. Ninguém pensa que a esposa pode estar diante de um desafio desses.

Eu me cobrava para viver verdadeiramente, sendo intenso no que fazia. Estar presente quando estivesse presente. No começo, eu não conseguia entender o porquê de aquilo tudo estar acontecendo, pois era a pessoa que sempre resolvia tudo.

Ainda lembro de quando a observei deitada na cama, ao lado das crianças, preocupadas, e pensei "cara, isso eu não consigo resolver".

No chão, deitado sobre a minha vulnerabilidade e encarando-a da pior maneira possível, eu entendi que não dava para controlar tudo. Mas queria seguir uma lógica que me desse a sensação de segurança que precisávamos naquele momento.

O conhecimento e a experiência do médico foram necessários para que pudéssemos lutar com as armas que tínhamos naquele momento, mas também nos fizeram entender que poderíamos ter buscado outras fontes de conhecimento para criar a nossa estratégia de combate.

Era um momento em que estávamos vulneráveis, ansiosos pela resolução daquilo. Hoje, após sair da empresa onde ocupei um cargo importante durante anos, vejo o quanto a ansiedade pela resolução pode nos prejudicar. As melhores decisões nem sempre são tomadas quando estamos com medo ou ansiosos. É preciso observar com cautela o cenário e tentar ver através da superfície, a fim de encontrar a profundidade necessária para se ter objetividade.

Seguimos com o tratamento, mas ainda não tínhamos o conhecimento que temos hoje. Continuamos com o mesmo estilo de vida, comendo o que comíamos e com os hábitos que poderiam ser nocivos para o corpo da Tessy.

Foi justo quando estávamos no olho do furacão que surgiu a oportunidade de irmos ao seminário de Tony Robbins, um grande treinador mundialmente conhecido por causar transformações fantásticas nas pessoas.

Durante alguns instantes, a Tessy recuou. Não sabia se estava pronta para enfrentar tudo aquilo. Mas ela viu a coragem nascer de dentro e diante do Tony, durante um treinamento intensivo, nos deparamos com pessoas enfrentando todos os tipos de desafios. Eram desde pessoas que tinham tentado o suicídio ou sido vítimas de abusos até portadores de doenças consideradas incuráveis que tinham tido contato com novas descobertas. Muitas iam em busca de uma solução sem saber o porquê ou como encontrariam tal solução. Mas era como se uma energia palpável deixasse todos abertos a receber, compartilhar e acolher uns aos outros.

Daquele ambiente, voltamos perplexos e motivados. Descobrimos que existiam mais recursos disponíveis para enfrentar aquele desafio do que estávamos habituados.

Não estávamos sendo penalizados por Deus. Tínhamos que ter maturidade para enfrentar o que se apresentava, buscar conhecimento, ter um plano e executá-lo. Conforme isso ficou claro, passamos a ser extremistas com o que podia e com o que não podia em relação à saúde da Tessy.

Tínhamos inúmeros relatos de pessoas que estavam utilizando a alimentação como fonte de cura e também para uma vida saudável, e a própria irmã da Tessy, a Tammy, se aproximou de nós nesse momento. Ela trabalhava justamente com a transformação do ser humano através da aquisição de hábitos saudáveis.

Esse novo caminho nos colocava numa nova estrada que gerava conforto. Não era um caminho espiritual, mas era energeticamente diferenciado. Sabíamos que a mentalidade contava muitos pontos na luta contra a doença e que o pensamento praticamente poderia ser seu maior aliado ou o maior inimigo nessa briga. Essa percepção da influência da mentalidade começou a virar coisa séria lá em casa. Eu sentia internamente que precisava transformar a energia do ambiente e favorecer o tratamento da minha esposa.

Tínhamos que admitir que problemas sempre aconteceriam em nossa vida e não poderíamos nos prostrar diante deles, esperando que eles simplesmente se solucionassem sozinhos. Mas, então, como encarar os problemas que não sabíamos como explicar, nem como descrever, nem como lidar?

O desafio daquele Pedro que tinha nascido para resolver problemas parecia estar só começando. Eu percebia cada vez mais que a maneira como eu reagia aos problemas era, muitas vezes, o que fazia diferença na sua resolução.

CAPÍTULO 4

■ Como viver uma vida extraordinária no novo mundo

Quando estivemos em Las Vegas para um treinamento com o Tony Robbins, fomos convidados para uma visita à sede de uma varejista online norte-americana especializada em vendas de sapatos e roupas, a Zappos. A empresa é, sem sombra de dúvidas, um dos maiores *cases* do mundo em atendimento ao consumidor.

O porquê disso? Porque na cultura da empresa eles buscam levar uma experiência extraordinária para o consumidor.

Assim que conheci a empresa, fundada por Tony Hsieh[4] e vendida à Amazon em 2010 com cifras que atingiram 1,2 bilhão de dólares, percebi como a cultura de impactar positivamente as pessoas ao redor pode ser transferida para o universo das vendas.

Eu, que sempre busquei em cada ação, por mínima que fosse, modificar a vida das pessoas ao meu redor, fazendo com que familiares, amigos e colaboradores pudessem ter uma vida satisfatória, percebi que viver o extraordinário poderia ser um estilo de vida dentro de uma cultura organizacional.

---

[4] Tony Hsieh foi criador e ex-CEO da Zappos, faleceu em novembro de 2020, aos 46 anos de idade, em um trágico incêndio em sua residência, em Connecticut.

O *e-commerce* se apresenta como uma verdadeira família e o ambiente é pensado para que cada funcionário expresse sua personalidade e criatividade da melhor maneira. Embora todos tenham acesso a um excelente treinamento em vendas ao colocarem os pés na empresa, os funcionários já entram com autonomia para tomar atitudes que julguem necessárias para a satisfação plena dos clientes.

O maior atendimento já feito até hoje durou oito horas na linha, e a atendente chegou até a pedir uma pizza para o cliente enquanto falavam ao telefone.

A única regra que eles prezam é ter criatividade e sensibilidade, e o objetivo é conquistar o cliente trazendo um atendimento completamente diferenciado e extraordinário.

Tony Hsieh defendia que quando se conquista um cliente, a compra recorrente será sempre mais valiosa que a primeira. O que vale ali é a experiência e o alto grau de satisfação. Sendo assim, dá para imaginar que o marketing é algo totalmente espontâneo na Zappos.

Curioso como quem lembra da empresa dificilmente a associa apenas a seus produtos. Na maioria das vezes, as pessoas lembram da qualidade do serviço prestado. Existe um ditado lá dentro que diz: "Somos uma empresa de serviços que aconteceu de vender sapatos. E roupas. E bolsas. E acessórios. E eventualmente tudo e qualquer coisa".

Fui imediatamente capturado pela cultura da empresa. Hoje sei que viver uma vida extraordinária no novo mundo requer adotar e incentivar mudanças, criar diversão, ser aventureiro, ter a cabeça aberta, perseguindo sempre o conhecimento, de forma que os relacionamentos estabelecidos dentro do ambiente de trabalho sejam espontâneos, naturais e honestos.

Era evidente que ali existia um time positivo, com espírito de família, engajado em fazer mais com menos. Eram pessoas altamente apaixonadas pelo que faziam e esse era o diferencial competitivo daquele grupo de pessoas que faziam parte da empresa.

O que eu percebi naquela visita, acima de tudo, é que muitas vezes as grandes empresas brasileiras estavam tão ocupadas com o tratamento dos clientes que se esqueciam o quanto era importante também cuidar dos funcionários.

Muita gente chega a bocejar quando alguém fala sobre valores, visão e missão da empresa. Isso porque, na maioria das vezes, aquilo não passa de teoria. A prática no mercado corporativo nem sempre corresponde ao que a empresa tenta transparecer para os funcionários.

O diferencial da Zappos é que os valores da empresa são usados como alavancas para os resultados. Com tecnologia de ponta, o sistema também ajuda, mas o que eu presenciei ali é o verdadeiro foco no cliente, com uma dinâmica verdadeiramente engajada em promover a maximização da felicidade.

A própria mudança da sede da empresa para Las Vegas significava uma mudança de paradigma. A ideia era melhorar a qualidade de vida de quem fazia o turno noturno na "cidade que não dorme".

Ao lado da Tessy, que caminhava para a plena recuperação da saúde, incorporando novos hábitos em nossa vida, tive um *insight* durante aquela visita que incorporei no meu dia a dia.

Desde cedo eu já era um garoto que gostava de criar motivos para deixar as pessoas felizes ao meu redor. Fazia isso com a minha mãe e irmãos, e mais tarde com minha esposa e filhos, e quando aprendi a ser um líder humanizado, comecei a incorporar essa atitude também em minha rotina de trabalho.

Eu percebia cada vez mais que minha satisfação estava diretamente ligada com fazer as pessoas felizes e conseguia isso quando as impulsionava, fazendo com que percebessem que incorporar pequenos hábitos em suas rotinas poderia transformá-las.

Em casa, era comum eu tomar medidas para criar uma rotina saudável com minha esposa, e também com meus filhos, motivando-os a sair conosco para caminhadas. Convencer adolescentes a largarem seus celulares em plena era digital não é tarefa fácil, mas eu sentia que, aos poucos, conforme eles percebiam os benefícios de acordar cedo e acompanhar eu e a Tessy em nossa caminhada, começavam a entender o porquê de incorporar aquele novo hábito na nossa rotina.

Muitas vezes estamos tão condicionados a fazer as coisas de uma determinada maneira que, quando percebemos, estamos vivendo uma vida robótica e sem satisfação. Isso acontece na vida pessoal e familiar, na relação com os filhos, bem como no mercado corporativo, na vida profissional.

Vamos deixando de nos encantar com as pequenas coisas, de abrir filtros para criar momentos mágicos que podem ser vividos, seja em família, seja entre amigos.

Perdemos a essência dos bons relacionamentos quando nos iludimos, acreditando que a vida se resume a trabalhar e pagar contas, ou quando valorizamos as metas e esquecemos de viver a jornada.

A maneira como a Zappos criava um ambiente favorável para a vida extraordinária de seus colaboradores – para que eles pudessem dar o seu melhor aos clientes – era digna de ser seguida como exemplo.

Então eu pergunto a você: Como é o seu dia a dia, da hora que acorda até a hora que vai dormir? O quanto você está comprometido em realizar sonhos, em fazer as pessoas se sentirem melhores com elas mesmas? Como você está tentando abrir os seus olhos e os olhos de quem está ao seu redor, simplesmente fazendo com que as pessoas tenham o máximo de satisfação na vida, extraindo dela tudo que ela pode proporcionar?

Será que você está realmente comprometido a viver uma vida extraordinária? Ou continua condicionado aos pensamentos arcaicos de um velho mundo que está se dissolvendo porque a vida exige constante mudança?

Você já deve ter se dado conta de que o ritmo hoje é ditado pela tecnologia, e que embora as facilidades se apresentem de todas as formas, fazendo com que não ocupemos tanto o espaço mental, estamos fadados a parar de pensar se começarmos a aceitar as coisas como elas são, sem propor novas mudanças.

Movido pelo desafio diário de empreender a mim mesmo, criando uma vida extraordinária nesse novo mundo, sigo equilibrando todos os desafios enquanto represento todos os papéis. O de pai, que tenta seguir uma educação coerente, trazendo os filhos para um estado de satisfação pessoal alinhado com valores familiares e consciência.

Tento ser um excelente marido, consciente de que meu papel apoiando minha esposa em suas decisões é fundamental para o fortalecimento da nossa família e a manutenção da saúde de todos. Eu me esmero em criar bases profissionais que possibilitem alavancar resultados cada vez mais satisfatórios, impactando positivamente todos que me cercam. E finalmente, a cada dia, me esforço para ser a melhor versão de mim mesmo.

O Pedro que acorda nunca é o mesmo Pedro que vai dormir. Durante as horas que compõem o meu dia, tento aproveitar a oportunidade de receber *feedbacks*, de entender como melhorar em todos os níveis, de interagir gerando bons resultados em todas as instâncias da vida, sendo exemplo e não ditando regras.

Sabemos que a vida é permeada de desafios constantes. Eu, por exemplo, já vivenciei situações que não desejaria para ninguém, embora saiba que todas elas fizeram parte do meu aprendizado e constituem o Pedro que me tornei.

Certa vez assisti a um filme chamado *O Rei do Show*, que fala sobre a vida de PT Barnum, o primeiro milionário do *show business*. O filme reforçou algumas crenças que eu tinha relacionadas ao trabalho em equipe, já que o sucesso da empreitada, que era um circo, dependia do esforço individual de cada um dos seus integrantes.

Era nítido como o compromisso de Barnum era extrair o melhor da equipe e ele se perguntava diariamente qual seria a fórmula certa para isso. Para fazer seu melhor, ele precisava, em primeiro lugar, transformar pessoas com baixa estima em grandes protagonistas.

Hoje temos que fazer esse malabarismo o tempo todo com as pessoas que estão à nossa volta. Muitos acabam não acreditando no próprio potencial e se tornam os principais inimigos da vida extraordinária que podem levar.

Todos os dias, não importa com quem eu esteja, tento treinar meu olhar para enxergar talentos, virtudes e explorar ao máximo os pontos positivos das pessoas, reforçando aquilo que elas têm de melhor.

Viver como um garimpeiro de talentos é um estilo de vida. Precisamos estar atentos a tudo que se apresenta ao nosso redor para podermos compor o cenário adequado para auxiliar as pessoas que nos cercam.

É como viver sendo um maestro, orquestrando a vida ao nosso redor.

Como empreendedor de mim mesmo, tento me adaptar rapidamente às mudanças que me são apresentadas ao longo do percurso. Para ser uma pessoa comprometida com resultados, é preciso ter a capacidade de se adaptar aos *feedbacks* e opiniões externas, sem deixar que o pessimismo o freie.

Ser um visionário é uma das características do "Rei do Show" e é uma das mais importantes quando pensamos em levar uma vida extraordinária. As nossas metas jamais devem se acovardar diante da sociedade. Ser arrojado pode exigir mais coragem do que estamos dispostos a ter, mas os resultados só virão se gerarmos ações condizentes com aquilo que determinamos para o nosso destino.

Nem todos nascem com o DNA da inquietude, que nos faz questionar tudo, mas acredito que se nos mantivermos firmes no propósito de vivermos dias extraordinários, teremos como condicionar a mente a olhar cada nascer do dia com vontade de estar vivo.

Evidentemente que a situação familiar pela qual passamos nos despertou para uma série de coisas. Principalmente para valorizar os momentos, e cada dia como se fosse o último. É urgente contemplar a vida como um milagre, todos os dias. E tudo está intimamente relacionado. Quando exercemos essa infinita capacidade de nos encantar, conseguimos criar condições para uma vida em plenitude. Conseguimos olhar para os pilares da vida equilibrando todos, para que a nossa existência não seja uma constante e medonha corrida, uma disputa de quem chega mais rápido.

Porque o destino final, inevitavelmente, é o mesmo. Por isso precisamos urgentemente curtir a jornada. E eu lhe pergunto: Você está curtindo cada dia da sua jornada? Está dando a si mesmo o presente de viver o momento presente, vivenciando as possibilidades que a vida pode lhe trazer, em um universo de infinitas possibilidades?

Nos próximos capítulos vou mostrar de que forma criei os pilares para uma vida extraordinária, com sucesso em todas as áreas. Eu posso não ser o "Rei do Show", mas certamente sou o protagonista da minha história e o roteiro dela depende exclusivamente de mim.

PARTE II

PILARES DO SUCESSO

CAPÍTULO 5

▪ Poderoso e energizado

Todos nós queremos uma vida cheia de sentido e energia. Desejamos estar conectados uns aos outros, vivendo emoções positivas, momentos significativos, contribuindo para a sociedade.

Só que nem sempre estamos despertos. Às vezes, estamos mergulhados no senso comum; em outras, vivendo roboticamente, repetindo crenças atrás de crenças, sem nos questionarmos de fato de que forma podemos contribuir para o bem da humanidade ou do próximo, que está bem ali do nosso lado.

Quando comecei a usar o termo "poderoso e energizado", eu tinha a convicção de que poderia motivar, alegrar e levantar o astral das pessoas modificando o estado de cada uma delas. Era impressionante como os efeitos na minha equipe eram notórios. Embora eu utilizasse essa premissa dentro do ambiente de trabalho, em alguns momentos ainda estava longe de despertá-la.

Dizem que no momento em que o discípulo está pronto, o mestre aparece. No meu caso, o mestre surgiu dentro da minha própria casa, na pele do meu filho João Pedro. Ele tinha sete anos na época. Eu sabia que o olhar do João acerca do mundo tinha um quê de especial. Era como se ele me ensinasse uma nova maneira de olhar o mundo. Só que nem sempre eu estava de olhos abertos para ver.

Naquele dia, o que estava fechado era o sinal de trânsito. Vermelho. Aquele vermelho piscava nas minhas retinas e eu estava com o pensamento vagando longe quando um garoto de aproximadamente sete anos começou a fazer malabarismos diante do carro, enquanto eu e o João estávamos dentro dele.

Instintivamente eu fiz sinal negativo para o menino que tinha uma pintura de palhaço no rosto. Enquanto ele segurava os limões, tentando equilibrá-los, minha mente vagava. Eram algumas equações da minha vida que eu tentava equilibrar. Família, carreira, filhos, saúde. Na minha mente, enquanto aquele sinal permanecia fechado, eu também estava fechado para o mundo.

Mecanicamente, pensava no melhor trajeto para dirigir até nosso destino. Não sabia que GPS algum me levaria ao meu destino real, que se encontrava dentro da reflexão de uma criança pouco maior que aquela que enfrentava um sol de quarenta graus fora do carro.

O João tinha presenciado todos os movimentos dentro e fora do carro, desde que o sinal tinha fechado. Era como se o silêncio dele representasse um profundo estado de presença. Ele, de fato, estava ali, como testemunha ocular de tudo que acontecia no Rio de Janeiro naquela tarde.

– Papai, por que esse menino faz isso e fica na rua, descalço, com uma pintura no rosto, pedindo dinheiro?

Ele parecia incomodado com o fato de estar dentro do carro com ar condicionado, sentado e inerte diante de uma situação como aquela.

Em uma fração de segundo, voltei para o momento presente. Eu não tinha me dado conta de que o menino estava descalço, nem que ele estava sem camisa. Não tinha pensado no calor que ele poderia estar sentindo sob a alta temperatura do Rio de Janeiro, nem me questionava sobre nenhum detalhe referente àquela situação.

Meu cérebro simplesmente tinha excluído quaisquer informações que poderiam me incomodar. Era como se ele me protegesse daquilo. Mas o do João era intacto, como uma máquina nova, sem vícios. Tentei compor uma narrativa consistente para mostrar a ele o meu ponto de vista:

– Filho, esse menino é pobre e seus pais o obrigam a fazer isso para conseguir dinheiro.

Apontei para alguns metros adiante, para onde o menino dirigia o olhar. Havia um casal que eu julgava estar embriagado.

– Está vendo aqueles dois? Eles obrigam o coitado. Eu sou contra isso e por isso não ajudo. – Finalizei num tom enfático.

Ele parecia inconformado com o fato de eu não me solidarizar com o drama do menino.

– Papai... o que acontece se ele não consegue o dinheiro? – perguntou.

Imediatamente, respondi:

– Ele apanha, meu filho.

Aquela resposta pareceu ter sido um golpe no coração do João. Sensibilizado, a história de vida do menino que tinha a sua idade, que fazia malabares com limões sob um sol de quarenta graus e ainda apanhava caso não levasse dinheiro para os pais, era demais para a cabeça dele. Suas lágrimas se tornaram um choro convulsivo, desesperado e incrédulo. Como seu pai poderia estar tão insensível ao fato de que aquele menino apanharia naquele dia?

– Papai, como você sabe disso e não faz nada, temos tanto dinheiro... o que custa você ajudar para que ele não apanhe hoje?

Fiz o retorno, voltei para o sinal onde o menino estava. Eu sabia que não poderia mudar o mundo, sabia que não poderia mudar a realidade daquela criança, sabia que o simples gesto de dar dinheiro um dia não representaria tanta coisa para um menino que estava vivendo a vida daquela maneira. Mas sabia que tinha responsabilidade quando a minha vida cruzava com a de outro alguém, sabia também que a minha atitude naquele momento seria um marco na vida do meu filho. Tinha tanto a aprender sobre humanidade, mas não sabia que aprenderia com aquele menino tão sensível.

A primeira coisa que pensei, quando tirei a nota da carteira, foi que minhas palavras poderiam ser tão valiosas quanto o dinheiro. Ou um minuto de atenção, de olho no olho.

– Você é muito importante para mim, acredite, tudo é possível com estudo, amor e trabalho...

Naquele cruzamento, em pleno Rio de Janeiro, os olhos de um menino sem oportunidades e os do meu filho se cruzaram. Fiquei observando aquele rosto pintado com uma tinta que parecia estorricar ao sol e incomodar com o calor. Mas aquele menino não parecia se importar. Ele estava ali para sobreviver a mais um dia. O que será que ele pensava naquele momento enquanto via um garoto da sua idade sendo levado pelo pai no conforto de um automóvel importado com ar condicionado?

Eu tinha dito que com estudo, amor e trabalho tudo era possível. Será que ele teria acesso ao estudo enquanto ficava ali, debaixo do sol ardente, fazendo malabares para conseguir alguns trocados?

Enquanto meu filho me agradecia pelo gesto, algumas reflexões pairavam na minha mente. Desde sempre eu fui aquele jovem idealista que queria mudar o mundo e fazer as pessoas felizes. Por que eu tinha ficado indiferente ao sofrimento daquela criança naquele semáforo? Por qual motivo precisei que meu filho me despertasse para fora do meu umbigo?

Sempre que me lembro dessa data, fico reflexivo. Claro que sei que com aquela nota eu não mudei a vida do garoto, mas a partir daquele dia, fiquei presente para o mundo ao meu redor. O mundo do qual a gente tenta se defender o tempo todo, mas do qual fazemos parte. O mundo que nossos filhos enxergam porque seus olhos não estão contaminados com a nossa inércia diante daquilo que não deveria ser considerado comum.

Foi meu filho quem me despertou para a contribuição. Contribuir não era apenas ser assistencialista, dando coisas para as pessoas. Eu sabia que contribuir fazia parte de usar os recursos que eu tinha para poder transformar pessoas e realidades. Desde a criação de um livro até a apresentação de palestras ou pequenos ajustes dentro do microrganismo da empresa, a partir daquele dia comecei a criar uma empatia pelas pessoas que se tornou parte do meu DNA.

É difícil manter um meio-termo quando se é empresário. Precisamos cobrar resultados dentro da empresa, criar um clima de competição para que as pessoas possam se destacar e dar tudo de si... mas como uma mulher que leva duas horas para chegar ao trabalho, tendo deixado o filho com problemas de saúde em casa, pode ter a mente tranquila para desempenhar seu papel profissional? Aquele líder humanizado que estava sendo construído com a bagagem que eu tinha começou a despertar para outras situações. Eu detectava situações dentro do ambiente de trabalho e provocava a mim mesmo, refletindo: "Como posso agir diante disso para melhorar a vida dessa pessoa e da empresa?"

Hoje, pensar dessa maneira é um grande desafio. Estamos todos como aquele Pedro, dentro do carro, esperando o semáforo abrir, com os olhos fechados para quem está ao lado precisando de um mínimo de atenção. Estamos fechados dentro do que consideramos nossos problemas, e não interagimos com o mundo, detectando oportunidades de resolver problemas de outras pessoas, que é o grau máximo da contribuição.

Com meu filho aprendi a olhar o ser humano e a enxergar o ser humano. Não que eu fosse a pessoa mais fria e egoísta do mundo, mas eu estava preocupado com os meus problemas, sem estar atento à realidade ao meu redor.

Foi diante do João que entendi que existia uma urgência: eu precisava estar presente em todos os momentos. Eu não podia mais deixar de notar pessoas e situações, nem fechar o coração, ficando insensível ao que estava ao meu redor. Para impactar pessoas e transformar realidades, eu precisaria desenvolver um estado de presença e, principalmente, ter uma mentalidade poderosa e energizada que fosse capaz de não sucumbir à tristeza diante das dificuldades e criar estados em que as pessoas conseguissem motivação extra para enfrentar seus próprios desafios.

O nome desse pilar, que se tornou uma das bases da minha vida extraordinária, foi "poderoso e energizado". Eu comecei não somente a observar todas as pessoas que cruzavam o meu caminho, mas também perceber como elas viviam seu dia a dia. Hoje, é comum eu chegar no supermercado e perguntar para a moça do caixa se ela está "poderosa e energizada". Essa rotina, a partir daquele dia, se tornou tão comum que, certa vez, durante um evento, um grande executivo de uma das companhias mais poderosas do Brasil me chamou de lado. Ele estava numa cadeira de rodas devido a um acidente.

– Svacina, me diz uma coisa. Como você consegue estar sempre sorrindo, sempre feliz?

Ele estava genuinamente interessado na resposta. Percebi que não se tratava de uma provocação. Era uma investigação pura e simples.

– Minha vida é maravilhosa. Minha vida é ótima. Eu tenho tudo o que quero. Tenho uma mulher maravilhosa, filhos incríveis.

Ele simplesmente acenou com a cabeça e concluiu:

– Cara, não é possível. Eu não te vejo para baixo.

Enquanto ele dizia aquilo, eu me lembrava da minha mãe, que sempre comentava: "O Pedro está sempre de bem com a vida". Por mais que eu tivesse enfrentado altos e baixos durante toda a minha trajetória, o esforço consciente era de ter uma mentalidade positiva, mesmo quando eu não sabia o que era mentalidade.

Naquele momento em que eu enfrentei a separação dos meus pais, construindo um motivo para criar um modo diferente de ver a situação, eu já exercitava uma nova maneira de ver o mundo.

Hoje sei que para vender uma ideia, um produto ou um conceito, é necessário estar poderoso e energizado para impactar quem está diante de nós. Esse estado contagiante que você pode criar em sua vida começa quando você se abre para além do que está vendo, como se escancarasse sua porta para o mundo e se dedicasse a dar o melhor de si em qualquer situação.

As pessoas podem abrir novos filtros diariamente e esse é um segredo para a construção de uma mentalidade poderosa e energizada. Quando estamos contaminados com conceitos e preconceitos acerca de tudo, não vemos o mundo como se fosse a primeira vez. E esse exercício é necessário.

O mundo está em constante mudança. Quando estagnamos, nos tornamos dinossauros que não estão aptos a abrir caminhos ou horizontes. Ficamos reativos ao que acontece à nossa volta enquanto poderíamos ser criadores, inovando, cheios de ideias, animados, construindo, persistindo rumo às conquistas que desejamos.

Devemos ter a disponibilidade para o sucesso, do contrário, procrastinamos indefinidamente os problemas, acreditando que eles se resolverão sozinhos.

Sempre que possível, precisamos rever nossos objetivos para não sermos derrubados pelos inúmeros desafios que se apresentam em nossa vida tentando nos fazer desistir, como se o mundo estivesse conspirando contra nós. Aceitar a derrota antes mesmo de tentar é algo que muita gente faz por não conseguir ter uma mentalidade poderosa e energizada.

É imprescindível também que estejamos sempre abertos a captar o extraordinário nos pequenos detalhes.

Um filósofo chamado Ralph Waldo Emerson tem uma frase que expressa exatamente como a maioria das pessoas se comporta no dia a dia: "Estamos sempre nos preparando para viver, mas nunca vivendo".

Você já deve ter visto isso: pessoas com planos, ocupadas demais com o futuro, economizando centavos para uma aposentadoria estável, vivendo na beirada, sem mergulhar na vida, porque acreditam que lá na frente poderão desfrutar da vida.

Eu vou lhe contar uma coisa: eu já fui esse cara. Eu era uma pessoa 100% focada no trabalho, objetivo, prático, sempre pensando em como vender mais, quais estratégias utilizar na empresa e como a minha equipe poderia dar mais resultado, mas em determinado momento, algumas coisas me despertaram e fizeram com que eu caísse de cara no chão. A primeira delas foi quando eu recebi aquele *feedback* que me tirou do trono imaginário que eu pensava ocupar. Ali, naquele dia, vi que não adiantaria ter resultados e ser odiado pela equipe. Dessa maneira, eu jamais engajaria e inspiraria ninguém.

Aquele Pedro não pensava em mudar o mundo. Aquele Pedro estava conectado com o racional, com os números, e não com as pessoas. Aos poucos, fui me transformando. Na verdade, fui crescendo, evoluindo e aprendendo com a vida, que me trouxe experiências incríveis para me mostrar o que era viver de verdade.

Mesmo depois que me tornei um líder mais humano, ainda tinha foco total no trabalho. Para mim, o trabalho poderia ser uma excelente fonte de renda e proporcionar experiências incríveis para a minha família. Eu não pensava exatamente em presença. Pensava em presentes. Era como se o dinheiro pudesse proporcionar tudo que minha família precisasse. Eu tinha essa ideia maluca e acho que muitas pessoas vivem desta forma: completamente mergulhadas no trabalho, acreditando que as cifras comprarão o carinho dos filhos e os presentes trarão de volta o sorriso da pessoa amada.

O segundo grande tombo foi quando me deparei com a doença da Tessy. E, além da primeira, que ela já tinha superado, surgiu a segunda.

Sim, o câncer voltou. Uma metástase nos tirou do eixo e eu me perguntei mais uma vez o que deveríamos ter feito de diferente. Cinco anos depois da primeira experiência, decidimos mudar tudo. Viver uma vida poderosa e energizada incluía cuidar mais do que nunca da saúde, e cuidar da saúde integralmente não tinha muito a ver com aquilo que acreditávamos que era cuidar da saúde.

Os médicos se ocupam das doenças. A Medicina se ocupa dos diagnósticos. Mas, quanto à saúde, cabe ao ser humano zelar por ela. Cada um pela sua. O modo de vida, os hábitos diários. Desde a maneira como levantávamos da cama até a hora de ir dormir, tudo contribuía para um estilo de vida que poderia colaborar com a saúde ou com a doença.

Então eu passei a entender que um estilo de vida poderoso e energizado estava relacionado a absolutamente tudo. E não pense que é fácil equilibrar trabalho, família e saúde. Para um empresário, um empreendedor ou um funcionário, geralmente o trabalho demanda muito. Só que o preço é alto demais e você deve se perguntar quanto tempo vai aguentar nesse ritmo intenso, porque até mesmo para um carro funcionar bem, ele precisa de combustível de qualidade.

Por que você não cuida da alimentação? Não se exercita? Ou acha que seu corpo e sua mente vão segurar a onda durante muito tempo enquanto você conta o seu dinheiro?

Quando incorporei o estilo de vida poderoso e energizado no meu dia a dia, também lidei com desafios que não estavam no *script*. Certa vez, levando meus filhos na escola, como todos os dias, ao lado do motorista que dirigia o carro enquanto meus filhos estavam sentados no banco de trás, comecei a fazer algo que fazia todos os dias: otimizar o meu tempo.

Na minha lógica era claro: alguém dirigia o carro. Logo, eu tinha tempo extra para resolver pendências do trabalho no banco do passageiro, responder mensagens, e-mails e planejar o dia. Aquele bichinho da produtividade que nos deixa alertas quando não estamos fazendo nada que consideramos "produtivo", sabe? Pois é, foi nesse momento que mais uma vez a voz da consciência me trouxe à Terra.

Talvez você não tenha uma voz da consciência por perto. Mas eu tenho a sorte de tê-la todos os dias ao meu lado. Você já o conhece: é o João.

O meu filho, que considero um anjo e um grande presente que ganhei de Deus, me despertou novamente, como naquele dia em que falou sobre o garoto no semáforo.

– Papai, por que você não se senta aqui com a gente?

Por alguns segundos, enquanto as mensagens dos aplicativos sequestravam minha atenção, me dei conta do que estava fazendo. Eu não estava ali.

Aquele pai que acreditava que estava sendo presente, levando os filhos na escola, estava em outro lugar. O corpo do Pedro estava naquele carro, mas a mente não. Eu previa o futuro, planejava a semana, resolvia pendências, tentava ganhar tempo enquanto perdia um tempo precioso com meus filhos.

Naquele instante, me dei conta de que o estado de presença era tudo. Eu precisava estar integralmente onde estivesse. Aquilo era não desperdiçar vida.

Pulei imediatamente para o banco de trás do carro para interagir com eles. Coloquei o celular no silencioso e olhei para cada um deles. Foi curioso perceber como o meu comportamento estava influenciando a resposta de cada um. A Júlia, minha filha mais velha, estava com o celular, respondendo mensagens. Percebi como eu ficava incomodado estando ao lado de alguém que não estava ali, mas eu era essa pessoa até aquele momento.

Como cobrar a postura de um filho sendo aquele que não está presente e estando sempre conectado? Hoje vejo muitos pais reclamarem da ausência de interação com os filhos, mas eles nem sempre estão disponíveis emocionalmente. Cobram uma postura diferente das crianças e dos adolescentes, mas não percebem que a postura deles é um reflexo do que eles próprios plantaram.

É comum ver pais e mães ocupados com aplicativos, redes sociais, celulares, e mais comum ainda ver crianças e adolescentes vidrados com os olhos na tela.

Mas como ficam as interações humanas quando estamos com a mente tão embotada? Fiz aquela autoanálise durante o percurso até a escola. Eu precisava mudar radicalmente quando estivesse com meus filhos. Precisava valorizar aqueles momentos, porque eram momentos que não voltariam e eu poderia não recuperar a interação com as crianças.

Hoje, quando chamamos as crianças para saírem dos quartos, deixando a TV para irem caminhar conosco, estamos cientes de que precisamos dar esse primeiro impulso, porque na vida é fácil fazer o que é mais cômodo. Nosso cérebro quer que poupemos energia, portanto, sempre acabamos optando pelo descanso ou por atividades que não demandem energia.

Claro que uma vida descontrolada e com atividades intensas, sem repouso, não é saudável para ninguém, mas é preciso que haja um equilíbrio. É preciso ter horas de sono e repouso, ter dias de descanso, conexão com a natureza, praticar exercícios, além da interação com a família. Não podemos mais ser apenas "famílias de Instagram", que postam fotos felizes, cada um de seu quarto, sem se olharem nos olhos na hora do jantar.

A vida poderosa e energizada é a vida em que estamos presentes. Esteja presente no seu escritório, no seu ambiente de trabalho, quando conversa com sua equipe. Esteja presente no telefonema, esteja presente com seus filhos. Tudo o que fizer, faça com o estado de presença, escolha estar onde está. Isso o deixará poderoso e energizado porque o que rouba a nossa energia são os problemas e pendências não resolvidos.

Experimente fazer uma lista do que precisa resolver e colocar um prazo para a resolução de cada um desses problemas. Ao fazer isso, você vai ter uma sensação incrível de liberdade, porque seu cérebro não vai mais ficar ocupado tentando eliminar aquele lixo mental. A carga mental, hoje, é muito grande para o ser humano. Ficamos carregando essa carga, ansiosos, porque não tomamos decisões.

Os assuntos se repetem exaustivamente dentro da nossa mente porque não os resolvemos. Eles vão e voltam sempre que podem para drenar a nossa energia. Quer um exemplo?

Vamos supor que você incluiu entre suas metas que quer praticar exercícios, mas não colocou esse item como prioridade na sua vida, nem determinou quando vai começar.

A cada vez que você vê uma pessoa se exercitando quando está na pausa para o almoço ou se dirigindo para o trabalho, começa a se sentir mal. Sua mente o sabota dizendo que você é um completo fracasso e que não consegue cumprir uma promessa feita a si mesmo. Logo, quando chega no trabalho, seu estado mental é diferente. Você não sabe o porquê, mas fisiologicamente está mudado. Suas emoções são as de um derrotado, seu estado de espírito é o de um fracassado e seu corpo físico está mais fraco, porque sua imunidade baixou, já que você começou a dar um comando para o cérebro de que sofreu uma derrota.

Então, entra seu chefe na sua sala. Você não sabe o porquê, mas mal consegue sorrir. Nem se lembra dos exercícios, mas está com uma sensação de que não é bom o suficiente. Aquela postura reflete no seu comportamento e você dá um sorriso amarelado e se desculpa por algo.

Durante a tarde, começa a procrastinar, tenta enumerar tudo que não fez, tudo que está pendente e começa a dizer a si mesmo como é ruim em tudo que se propõe a fazer.

Esse é um exemplo clássico de como funcionamos no dia a dia. Um simples pensamento pode degringolar tudo. Você tem pendências, assim como todo mundo. Essas pendências ficam acumuladas na cabeça e enquanto não tomamos a decisão de estabelecer prazos para resolver cada uma delas, elas vão e voltam. Se você é a pessoa que não faz exercícios e sempre pensa em começar, toda vez que se deparar com algo que o remeta a esse tópico, vai se sentir um derrotado e isso vai enfraquecer sua mente e seu corpo.

Portanto, a primeira coisa que você precisa fazer é estabelecer prazos para tudo que quer realizar. Não adianta dizer a si mesmo que vai começar, porque aquela pendência vai persegui-lo feito um fantasma. Estabeleça prazos para tudo, porque a ansiedade acaba quando você toma uma decisão.

Viver uma vida poderosa e energizada só é possível quando você começa a desocupar espaços na mente. Esses espaços acabam sendo preenchidos com as coisas que você não fez ou deixou de fazer, que vira e mexe o perturbam e começam a fazer de você um refém dos próprios pensamentos.

Já reparou quantas pessoas parecem se mover em círculos? Sempre estão fazendo promessas sobre determinadas coisas e nunca tomam decisões? Tome decisões acerca de tudo em sua vida. Não postergue decisões.

A fragilidade da vida me fez perceber como não é um bom negócio deixar tudo para depois. Porque o depois pode não existir.

Quando você está diante de uma doença, de algo realmente grave que pode roubar uma vida, você percebe o que, de fato, precisa da sua atenção e consciência.

Muitos vivem distraídos e se ocupando com anestésicos. Muitos passam a vida sem perceber que estão vivendo; não fazem planos, não sonham e aos finais de semana tentam escapar da dor que isso causa com prazeres momentâneos.

Eu quero que você perceba que uma vida poderosa e energizada é uma vida realmente vivida. Não é aquela aposentadoria em um país seguro, com muitas certezas. A vida real está no dia a dia, com todas as batalhas que decidimos enfrentar, com nossos desejos, nossos medos. Ficamos energizados e poderosos quando saímos de momentos difíceis e percebemos que podemos tomar decisões que nos colocam no caminho certo.

Existirão conflitos, dilemas, problemas de todo tipo. Sempre. Seremos provados e derrubados, forçados a enfrentar nossas fraquezas. Mas, quer saber?

Só conseguimos ter uma vida poderosa e energizada quando entregamos toda nossa coragem e continuamos caminhando apesar de todos os ataques externos. Quando vivemos de verdade, sem tentar escapar das dificuldades, ficamos frente a frente com uma capacidade inesgotável que existe dentro de cada um de nós.

A vida real é isso: é estar presente para o menino do semáforo, para os filhos no banco de trás do carro, para os exames e a saúde da esposa, para os colaboradores da empresa, para a pessoa que abasteceu seu carro e para o cara que serviu a você um café. A vida real está aí para ser vivida e ela acontece enquanto você está se distraindo com os problemas que criou na sua cabeça ou que até podem existir, mas que precisam de soluções.

Com um esforço consciente de melhorar como ser humano é que crescemos. É só nessa luta em busca de algo a mais que encontramos sentido para a vida. Não se engane que essa subida rumo ao topo vai ser fácil. Hoje eu sei onde esse topo fica. Esse topo inclui minha família, meus filhos, além de todo o dinheiro que minha capacidade criativa pode me dar. Esse topo exige de mim uma marcha constante que me obriga a caminhar mesmo que eu esteja cansado, fraco e com vontade de parar e chorar.

Não estou dizendo para você menosprezar a dor. A dor é uma alavanca que pode fazê-lo subir ainda mais, porque quando você a encara, ela mostra tudo aquilo que você não pode mais empurrar para debaixo do tapete.

Quando sentir dor, não a ignore e não pare diante dela. Parar, jamais. A vida é movimento e você precisa se movimentar para criar soluções criativas e mudar o *status quo* das coisas.

O mundo está em constante evolução. Um simples atendimento ao consumidor para a venda de sapatos hoje é uma empresa multibilionária que soluciona problemas. Essa realização partiu da mente engenhosa de uma pessoa que colocou uma única ideia em ação.

Percebe como uma única ideia em ação pode gerar uma fortuna? Mas, ao mesmo tempo, as ideias não brotam em uma mente ocupada demais com problemas. Não existe espaço mental para criar quando você é drenado pelos problemas em vez de abrir espaço para as soluções.

Você já deve ter ouvido aquela história de um jovem lenhador que desafiou um velho mestre sobre quem teria mais domínio e habilidade no uso do machado. Tratava-se de cortar árvores e o jovem começou com toda a força e ritmo. Quando olhou para o mestre, percebeu que ele estava sentado.

Continuava, implacável. Ele se cansava, mas prosseguia no mesmo ritmo. Quando o dia acabou, sentiu pena do mestre porque o viu, na maior parte do tempo, sentado.

Quando contabilizaram as árvores cortadas, ficou surpreso. O mestre tinha cortado o triplo de árvores.

– Como isso aconteceu? – perguntou o jovem. – Você estava descansando sempre que eu o via.

– Eu não estava descansando. Eu estava afiando o meu machado.

Por isso, quando parar, pare apenas para afiar o seu machado. Afiar o machado significa rever suas metas, seus planos, sua maneira de interagir com o mundo. Afiar o machado representa estudar algum assunto do seu interesse, sair para uma semana de férias para arejar a mente antes de continuar as atividades.

Enquanto escrevo este livro, nas montanhas de Córdoba, onde participo de um retiro de uma semana, percebo que já fui o menino que corria contra o tempo querendo ter uma produtividade excepcional, mas o que realmente me traz resultados é dar pausas durante as quais eu afio o meu machado.

Quando afiamos o nosso machado, seja participando de um curso, de um retiro, de um momento só nosso, estamos abrindo espaço mental para poder absorver novas ideias, digerir tudo que aconteceu em nossa vida e ganhar forças para seguir adiante.

Na vida, sempre estamos fazendo alguma coisa e, aos poucos, nos tornamos como mortos-vivos, zumbis que vão de uma atividade à outra, mecanicamente. No mundo competitivo, focamos em produzir e ficamos lobotomizados, sem ação criativa, sem perspicácia, sem novos *insights* que podem trazer mais vida à nossa vida.

Na verdade, tudo está interligado. Quando você está consciente de si mesmo, vivendo o presente, sem desperdiçar momentos, você já se torna uma pessoa diferenciada no meio do todo. Dizem que uma andorinha não faz verão, mas basta uma para despertar todo o bando. Por isso, seja a andorinha desperta que acorda o bando.

Na vida real, quando reunimos coragem de nos desnudar diante do mundo, quando nos entregamos à vida, fora da nossa "rede de proteção", que nos ilude com confortos e prazeres, podemos triunfar. Nesse universo rico de opções e desafios encontra-se a vida extraordinária.

Esse é o topo. Mas só se chega ao topo pelo caminho real. Só se chega ao topo enfrentando a vida, as batalhas, escutando o coração, as pessoas, atacando o tédio e a distração.

Não queira uma vida normal. Você pode e merece uma vida extraordinária. Você pode ter uma vida vibrante, contagiando sua família e seus filhos, estimulando-os para que sejam melhores e vivam com um propósito.

Você pode se sentir total e vivo na maior parte do tempo. Você pode fugir do diagnóstico da depressão, que tem aumentado cada vez mais nos países desenvolvidos apesar dos fatores que associamos ao bem-estar, como alimentação farta, dinheiro e educação de qualidade.

Certamente, você deve conhecer pessoas cada vez mais fadigadas, estressadas, improdutivas, tristes, inseguras e frustradas. Pessoas que se conformam com uma vida mais ou menos e não fazem absolutamente nada para mudar nem cogitam a hipótese de ter uma vida extraordinária. Pessoas que vivem à margem de si mesmas.

Já vi amigos saindo de cursos absolutamente energizados, mas sobrecarregados de compromissos de trabalho, sem tempo para mais nada. Pessoas ocupadas demais, que não viviam.

O que precisamos entender, de uma vez por todas, é que não adianta se manter ocupado e não viver de verdade. Não adianta ter mil conexões em suas redes sociais e não se sentir conectado com sua família.

Você pode e merece algo mais. Certamente, deve se lembrar de quando se divertia de maneira descompromissada e se sentia mais energizado e poderoso.

Você sabe o que é se sentir assim. Só que a vida e a força dos compromissos e responsabilidades fizeram com que aquela chama daquela criança cheia de energia que vivia aí dentro, se apagasse.

Precisamos despertar novamente essa criança que está aí. Essa criança que se comove com o mundo, se sensibiliza, se relaciona, vive intensamente, é inquieta, combate o tédio com todas as forças.

Mesmo que seja comum, não é normal viver dias cinzentos, preocupado, andando com uma nuvem negra sobre a cabeça. Não é normal ir ao médico porque não consegue dormir em razão das preocupações que o deixam inerte. Não é normal, embora seja comum, comprar coisas para tentar sentir alguma coisa, porque você deixou de experimentar sensações que realmente o fazem se sentir vivo.

Você precisa de experiências que tragam a você a sensação de ter uma vida extraordinária. Tenho certeza de que já sentiu isso antes, essa faísca, essa conexão poderosa que nos movimenta.

Todos nós podemos viver uma vida extraordinária, cheia de possibilidades, intensa e excitante.

O meu papel, hoje, depois de perceber como o comprometimento e o entusiasmo podem interferir na vida de alguém, é fazer as pessoas atingirem esse estado interno que possibilita uma vida eficiente em todos os níveis.

Talvez aquilo que você chama de fadiga seja apenas uma exaustão mental. Você não está com o corpo cansado. Você está sem energia, desconectado de tudo que está ao seu redor, sem se movimentar fisicamente e com a mente cheia de problemas, acreditando que não existe saída para nada porque você só consegue enxergar as dificuldades que não param de brotar de todos os cantos.

O que o deixa feliz, energizado e satisfeito hoje?

Temos tantas opções no mundo moderno que mal sabemos o que queremos. Temos liberdade, porém, o desafio é saber onde colocar o foco para encontrar sentido na vida.

No fundo, as pessoas estão buscando sentido para viver.

Só que, na maior parte do tempo, nosso cérebro está conectado às necessidades básicas de segurança. Elas exigem uma intensa atividade neural.

Nessa busca por sentido, vamos perdendo o sentido, porque ficamos a maior parte do tempo preocupados com a sobrevivência. Os dias atuais da maioria das pessoas são exatamente assim: uma constante preocupação, um estresse e uma falta de sentido. Como se a vida estivesse em segundo plano.

Não vou dizer que essa jornada é fácil. Como você pôde ver, para mim, foi difícil à beça. Mas em algum momento precisamos decidir tomar as rédeas da vida e seguir em uma direção.

Claro que a estrada nem sempre será desprovida de obstáculos. Mas é a estrada que você escolheu, não a que outros escolheram e que você nem sabe onde irá dar.

Direcionar a sua energia e seu foco é primordial para viver uma vida extraordinária. Chega de viver numa jaula. Chega de viver uma vida medíocre. Chega de ter menos do que você merece.

É possível ter uma vida mágica, com dinheiro, saúde, filhos felizes e conectados a seus propósitos pessoais. É possível ter pausas para reavaliar sua vida. É possível dominar a sua mente e contribuir com o mundo de maneira eficaz, impactando positivamente a vida de pessoas que você mal conhece.

Mas é preciso fazer uma escolha. E agora eu convido você a fazer uma escolha. Como o Neo, no filme *Matrix*, quando decide por uma das pílulas.

Você quer ingressar em um novo mundo, cheio de descobertas, onde você é o protagonista do seu destino ou permanecer sendo reativo aos problemas, vivendo numa corda bamba, equilibrando medos, problemas e preocupações, vidrado no celular, ocupado com a vida de outras pessoas?

Está na hora de escolher e de se responsabilizar pela sua escolha.

Se decidir vir comigo, aceite a responsabilidade pelo seu destino e os resultados que virão a partir de agora. Se decidir continuar numa vida presa ao passado ou condicionada às expectativas dos outros, continue onde está e deixe este livro onde quiser. Quem sabe ele encontra uma alma corajosa e disposta a parar de se arrastar pela vida.

Se você pretende ter uma vida extraordinária, deixando de viver essa "correria" que o deixa cego para a vida, como um zumbi que não percebe a realidade, venha comigo. Pare e pergunte a si mesmo: como está a sua satisfação?

Hoje, a minha ambição é que você entenda que sua vida está em jogo todos os dias. A vida é esse milagre, essa experiência mágica que pode ser extraordinária. A vida pode ser construída todos os dias, com cada atitude.

Seu destino está sendo traçado neste exato momento, enquanto folheia as páginas deste livro. Tome cuidado com o que vai decidir a partir de agora.

Se quiser virar a página, saiba que pode viver um ápice maravilhoso, mas precisará de uma decisão. A simples decisão de tomar conta do seu destino.

▪ Alice e a toca do coelho

Minha filha mais velha se chama Júlia. Ela é uma adolescente que escolheu ser atriz. Sempre que a observo, decorando textos ou atuando, percebo como ela decidiu, desde pequena, viver uma vida extraordinária.

Seu desejo é muito claro: ela quer atuar para, através de suas peças e personagens, poder impactar e transformar pessoas.

Que bom seria se todos nós pudéssemos descobrir nosso propósito ainda crianças. Muitos de nós chegam aos sessenta ou setenta anos vivendo uma vida empurrada com a barriga, depois de alimentar as expectativas dos outros.

Deve ser difícil para uma pessoa chegar no fim da vida e entender que ela não fez nada do que poderia ter feito com sua vida. Que não viveu uma vida extraordinária.

Agora, antes de entrar no próximo capítulo, em que vou falar sobre autorresponsabilidade, queria explicar sobre um conto que conheci certa noite, enquanto lia uma história de ninar para a minha filha: *Alice no País das Maravilhas*.

A história fala de uma menina que, depois de ser absorvida por suas dúvidas, sente-se entediada. Desse tédio, nasce a reflexão. E surge um mestre, que é o Coelho Branco.

O Coelho é um animal apressado que a tira do tédio e a instiga a conhecer um novo mundo. Todos nós temos nosso Coelho Branco. Pode ser um motivo, ou um fato ou uma pessoa que nos tira da inércia. Esse Coelho só surge quando estamos entediados com a nossa vida. Esse coelho nos convida a refletir sobre o caminho que estamos trilhando.

Muitos continuam parados, mas alguns decidem perseguir aquela oportunidade mágica que a vida oferece. Assim, Alice segue o Coelho e entra em uma toca, sem sequer pensar de que jeito sairia de lá depois. Alice despenca em um buraco e a queda é tão longa que parece não ter fim.

Essa queda pode representar uma desconstrução. Sabe aquele momento em que você decide mudar de vida, mas não sabe o que vem depois? Quando as certezas escapam das suas mãos?

Eu já vivi esse momento mais de uma vez e posso dizer: não é nada confortável, porque as certezas vão embora. Entramos num vazio que pode construir novas dimensões, mas é uma zona desconhecida. Por isso, muitos a evitam acreditando que seja perigosa. Poucos querem se arriscar em algo que não conhecem.

Só que essa toca do Coelho nos leva para um novo mundo, repleto de possibilidades e informações. É lá que Alice percebe que precisa de uma chave para entrar por uma porta pequena demais, mas que existe uma maneira de encolher a ponto de passar por ela. Naquele mundo não existe impossível.

Quando nos damos permissão para observar a realidade de uma maneira diferente da que estamos acostumados, nos sentimos como Alice na Toca do Coelho. Saímos da escuridão da mediocridade de uma vida sem satisfação.

Com essa concepção diferente da realidade, Alice passa a buscar alternativas e quando não consegue ser eficiente, chora. Aquelas lágrimas inundam o local e a levam para outro lugar. O sofrimento dela e as incertezas a levam para um novo cenário.

Nesse momento, ela faz a si mesma a pergunta crucial:

– Quem sou eu?

E percebe que esse é o grande enigma que precisa ser desvendado.

Quando estamos instáveis, mergulhados na dor e buscando alternativas, passamos a refletir sobre quem realmente somos e para onde vamos. Esse é o momento de crise que traz uma grande possibilidade: a chance de crescer e viver uma vida diferente da qual você estava acostumado e infeliz.

Então, Alice bebe um líquido que faz com que mude de tamanho. Ela cresce. E talvez aquela expansão de consciência signifique que você nunca mais será como antes. Logo, ela inicia sua jornada fantástica dentro de um novo mundo. É nesse mundo que, ao encontrar uma lagarta, símbolo da metamorfose, Alice desperta diante de uma nova pergunta:

– Quem é você?

Então, Alice responde que não sabe "porque sabia quem era quando se levantou naquela manhã, mas já tinha passado por várias mudanças desde então".

Consegue perceber que vivemos a vida em constante mudança, mas agimos como se fôssemos os mesmos de ontem? Não nos damos a oportunidade de reavaliar a rota, de olhar para nós mesmos com generosidade e cogitar que podemos seguir por caminhos diferentes e viver novas experiências? Consegue perceber que podemos mudar?

Ao longo da história, tão sutil e com indagações profundas, fui percebendo que a narrativa em torno da Alice nos apresenta respostas para nossa vida.

Na conversa com o gato, Alice pergunta:

– Poderia me dizer, por favor, que caminho devo tomar para ir embora daqui?

A resposta é imediata:

– Depende bastante de para onde quer ir.

– Não me importa muito para onde – ela diz.
– Então não importa que caminho tome.

Por isso, agora eu pergunto a você mais uma vez: qual caminho quer percorrer daqui em diante? Sem saber a direção, qualquer lugar vale. Mas, se souber aonde quer chegar, posso conduzi-lo.

Quem quer ir rumo ao topo, para uma vida extraordinária, assuma de vez o controle de sua própria vida e vire a página.

Agora o seu destino o espera.

CAPÍTULO 6

▪ Autorresponsabilidade

A infância é uma época da vida que gera muitas lembranças e aprendizados. No entanto, é quando somos crianças que nos habituamos a certas coisas que, ao chegar na idade adulta, resistimos em abandonar.

Você já deve ter conhecido pessoas que crescem, mas não amadurecem, e que mantêm comportamentos e emoções que não condizem com a própria idade.

É comum encontrarmos em empresas, e na sociedade em geral, os adultos que não cresceram. São os adultos infantilizados. E como perceber esse comportamento?

Pode ter certeza que por trás de uma pessoa que aponta culpados para tudo e se coloca como vítima em todas as situações, existe uma criança birrenta que não cresceu e acredita que o mundo deve girar em torno do seu umbigo.

Pela minha experiência de vida, observei que as pessoas aprendem a não ter autorresponsabilidade desde que nascem. Desde cedo, somos tão condicionados a ter alguém sempre fazendo tudo por nós que, quando chegamos à idade adulta, não temos autonomia.

Quando criança, o ser humano fica habituado a receber a comida na boca. Ele simplesmente precisa engolir aquilo. Na maioria das vezes, nem é necessário mastigar, porque a introdução alimentar é feita com alimentos triturados.

Ele abre a boca, é alimentado e, conforme vai crescendo, conserva essa necessidade de receber tudo mastigado. Os animais não domesticados, por sua vez, apesar de serem protegidos quando filhotes, desde cedo são colocados pelos pais em situações de risco, para aprenderem a lei da sobrevivência.

Um animal que depende de sua mãe dificilmente vai conseguir seu próprio alimento ou saber se defender numa situação que requer cuidado.

Na cultura ocidental, por exemplo, os filhos são criados extremamente dependentes dos pais. Essa dependência constante e a falta de autonomia os faz crescer sem qualquer senso de responsabilidade.

Dessa maneira, vivemos numa era com adolescentes frustrados e adultos frustrados. Há jovens que estão batendo o pé por "não serem compreendidos" ou não terem suas necessidades imediatamente satisfeitas. Há adultos que perderam o senso de responsabilidade diante das coisas.

Sem autorresponsabilidade jamais crescemos. Em qualquer nível.

Muitas pessoas não se conformam com o fato de que nada acontece na vida delas, mas permanecem completamente passivas, esperando algum movimento divino tirá-las da condição em que se encontram. Vemos indivíduos que querem uma promoção no emprego e reclamam que nada acontece, contudo, não estão fazendo o melhor que podem.

Você deve conhecer alguém que sempre tem uma desculpa, que conta uma história para justificar os próprios fracassos e acha que o mundo é injusto.

Se você quer resultados diferentes, precisa de novas ações. Se quer realmente mudar, precisa dar o seu melhor. E, antes de mais nada, precisa saber se quer mudar por decisão própria ou se está apenas cedendo a uma pressão externa em busca de uma pseudofelicidade ditada pela sociedade.

Precisamos entender se somos nós que estamos pautando nossa vida ou se estamos agindo para conquistar o que as outras pessoas acreditam que seja necessário para nós.

Se permanecemos passivos, esperando a vida agir, ou se estamos correndo feito loucos, tentando mudar tudo para obter um resultado que não é desejado intimamente, então não estamos agindo com consciência, nem sendo protagonistas da nossa vida.

Evoluir é necessário para a sobrevivência do ser humano. Não que seja imprescindível acompanhar essa evolução, mas precisamos tomar decisões o tempo todo e é necessário ter consciência de como tomamos tais decisões, porque elas não podem resultar de uma pressão externa. A tomada de decisão exige responsabilidade.

No âmbito profissional, tomamos decisões o tempo todo. Precisamos saber o que faz nosso negócio evoluir, o que nos proporciona realização e, de acordo com o nosso nível de satisfação diante dos resultados gerados por nós mesmos, fazemos novos planos.

A única coisa que não podemos fazer na vida é ficar inertes, estagnados, aguardando resultados que resultem do fator sorte, sem provocarmos a nossa própria sorte.

Muita gente vai morrendo aos poucos pela incapacidade de tomar decisões e de se responsabilizar pelos próprios atos. Isso acontece com frequência na vida familiar – nos casamentos, por exemplo – e também na vida profissional.

Se algo não gera sofrimento, mas a pessoa tem consciência de que está em direção a um abismo, a responsabilidade de caminhar até esse abismo é dela. Isso acontece frequentemente. Quando uma pessoa é fumante, por exemplo, e não faz absolutamente nada para cuidar da própria saúde, porque diz que fumar lhe traz felicidade, então pauta sua vida pelo vício sem se importar com as consequências futuras que o cigarro pode trazer a ela.

Se esta pessoa estiver feliz daquela maneira, ela precisa estar consciente de que seus atos estão fazendo com que caminhe mais cedo para a morte. É uma estatística da qual ela não escapará. Então, ela pode estar bem com todas as consequências passíveis de se manifestar em seu corpo e com o cheiro ruim que fica impregnado nas suas roupas e no ambiente que frequenta, porém, deve assumir a responsabilidade pela consequência dos seus atos contra si mesma.

Mas como aprender a ter responsabilidade? Simples: enfrentando os resultados das nossas boas e más ações.

Algumas pessoas são viciadas em sofrer e se deprimir. São pessoas que gostam da atenção gerada quando são vistas como vítimas da vida. Na maioria das vezes, esses adultos infantilizados reagem dessa forma porque a vida toda o papai e a mamãe fizeram tudo por eles. Quando demonstram esse comportamento, de alguma forma, sentem um "prazer" viciante ao escutarem "por que você está assim?", "ah, coitado!"...

Por pouco não sucumbi à tentação de agir desse modo com meu filho João, que teve que fazer a segunda prova no final do ano letivo.

– Tadinho, ficou para a segunda prova e não tem ninguém indo para o colégio! – defendi.

Minha esposa, decidida, discordou:

– Ele vai para o colégio.

Eu estava comovido com a tristeza dele em acordar cedo e não ter nada para fazer lá.

– Mas ele diz que fica na sala sem fazer nada...

Ela explicou que ele precisava ficar na sala sem fazer nada, já que não tinha passado direto na primeira prova.

Sem entender, continuei:

– Mas não tem nada para ele fazer lá...

E ela reafirmou:

– Sabe o que tem? Ano que vem ele vai pensar da seguinte forma: se eu não estudar, vou ter que acordar cedo, ir à escola e não fazer nada. Se eu estudar, posso passar direto e ficar em casa como a minha irmã, dormindo até às nove da manhã.

Ao ouvir isso, percebi como eu estava querendo poupar meu filho de uma frustração e como isso poderia trazer sérias consequências futuras. É dessa forma que nós, pais, criamos filhos sem a menor noção de autorresponsabilidade.

Aquele Pedro "resolvedor de problemas", tão habituado a se antecipar para facilitar a estrada dos filhos, poderia estar criando empecilhos para o desenvolvimento deles.

Quando nos responsabilizamos por tudo, passamos a vigiar nossos pensamentos, atos e ações para que possamos comandar a nossa própria vida. No momento em que entendemos que a responsabilidade pelas situações que enfrentamos é sempre nossa, entendemos que é possível mudar o curso do nosso próprio destino.

Temos que ter um certo cuidado, porque o ser humano banaliza e quer simplificar a vida cada vez mais. Se quando novo eu sabia o telefone da minha casa de cor, hoje não faço a menor ideia do número do telefone dos meus filhos. Ao usar a tecnologia, que faz tudo por mim, desocupo um espaço na mente, mas crio uma dependência tecnológica. Sem a agenda do celular, sou incapaz de me comunicar com meus filhos através do telefone.

A infantilidade no mercado de trabalho durante muitos anos me chamou a atenção. Os desafios encontrados nas reuniões dentro do mundo corporativo são diversos. Um exemplo é quando a equipe de marketing decide que a pauta da reunião é discutir a venda de determinado produto e como alavancar os números.

O indivíduo responsável pelo produto, quando o foco vai até ele, aponta um problema na área de engenharia. Se não há um problema na engenharia, ele vai dizer que o problema é da área de vendas, que não está sabendo vender o produto dele ou então vai alegar que o problema é do CFO[5], que não aprova a redução do preço para tornar o produto mais barato que o da concorrência. Ele vai fazer um discurso apontando culpados para mostrar que ele é perfeito. Mas ele realmente acha que é perfeito porque foi criado assim. O pior de tudo é que falta humildade nas pessoas.

Para que um organismo funcione em harmonia, você não pode acusar determinado órgão do corpo. Você pode até querer valorizar determinado órgão, dizendo "ah, Pedro, mas o coração é mais complexo". Então, tire o fígado. "Mas Pedro, dá para viver sem alguns órgãos, dá para viver sem alguns membros". Claro que dá! Quantas empresas têm o dono e mais duas pessoas?

---

5 CFO (*chief financial officer*) é o diretor financeiro, cuja responsabilidade maior é garantir que a empresa mantenha uma estrutura financeira condizente com seu planejamento estratégico.

Não estou dizendo que não dá, mas você só terá a sua melhor performance se tiver todo o organismo funcionando da melhor forma. A empresa funciona como um organismo, como a natureza: ela precisa que todo mundo funcione de forma harmônica para obter a melhor performance. Mas o que atrapalha isso tudo? Atrapalha a soberba, o hábito de julgar que o outro está errado. E por que a gente acha que o outro está errado?

Se o filho, por exemplo, chegou da escola e disse: "Mamãe, fui expulso da sala". A mãe geralmente responde o quê? "Essa sua professora não entende você", e vai lá na diretoria para reclamar da professora.

Ou quando o filho tem um problema com algum amigo na escola e a mãe liga para a mãe do outro garoto. Dessa forma, o que ela está criando? Seres que não conseguem resolver problemas. O ser humano está condicionado a terceirizar a solução dos seus problemas.

Por que existem caras que nascem em uma comunidade carente e constroem uma história fantástica? E tem outros que não? Porque no meio em que eles estão, a referência positiva é o traficante. No entanto, tudo o que acontece na vida das pessoas, de bom ou de ruim, é responsabilidade delas, porque é fruto de uma escolha. É você que decide a quem admirar, a quem seguir como referência e de que forma vai reagir ao que acontece à sua volta.

Na vida não devemos aceitar tudo de forma reativa. Devemos praticar a aceitação, como falaremos mais a seguir, mas devemos limpar aquilo com o que não concordamos e refletir a respeito de tudo o que chega até nós, sejam *feedbacks*, críticas ou informações.

Quando eu era aquele líder que não tinha o menor tato no relacionamento com as pessoas e recebi um *feedback* negativo, eu poderia ter negado esse mau comportamento e apontado um culpado. Poderia justificar dizendo que eu era um cara de resultado e que estava apenas sendo exigente com meus colaboradores, mas refleti sobre a minha postura e fez sentido quando entendi que eu poderia melhorar.

Existem líderes que, ao receberem críticas acerca do seu comportamento, geralmente ficam na defensiva, querendo fugir da responsabilidade sobre a sua conduta. Hoje, muitos ainda agem dessa maneira.

Em vez de perceberem que são ineficientes em seu sistema de gestão, apontam culpados na equipe, e sequer percebem que a alta rotatividade dos profissionais da equipe só demonstra como a liderança está ineficiente na aquisição de talentos, na manutenção, no treinamento e na retenção desses profissionais.

Não podemos mais delegar a responsabilidade dos resultados para terceiros. Mas como se ensina autorresponsabilidade para um ser humano?

Em primeiro lugar, poderíamos começar a refletir sobre os padrões em que estamos inseridos.

Os padrões sociais geralmente interferem no nosso comportamento e na nossa atuação no mundo. São aqueles padrões que estão tão difundidos que são facilmente aceitos e acabam passando por cima do julgamento consciente individual; ou seja, nem paramos para pensar sobre a questão.

Claro que não dá para parar e pensar sobre todos os aspectos de uma situação – senão nossa cabeça não aguentaria com tantos questionamentos –, mas existem situações que são repetidas geração após geração, sem que haja um questionamento se elas estão sendo danosas ou não para nós.

Fazemos "porque todo mundo faz".

Pessoas trabalham sem dormir, gerando impacto negativo na saúde, porque veem outras pessoas fazendo o mesmo e acreditam que esse é um comportamento adequado para a espécie, e fazem isso sem refletir sobre as consequências da falta de sono para o organismo, por exemplo. Ou bebem nos finais de semana para aliviar o estresse do dia a dia, como se o padrão de estresse fosse normal.

Crianças passam mais tempo com seus celulares e na frente do computador do que usufruindo da natureza e isso tornou-se normal.

Mas não podemos ser prisioneiros desses padrões.

Quando entendi ser necessário, retirei o videogame do meu filho por excesso de uso e bloqueei o celular da minha filha quando ela tinha 14 anos de idade caso extrapolasse o limite de uso e em determinado horário.

Se queremos filhos conscientes, devemos questionar os padrões existentes, porque hoje são normais, são comuns, mas trarão terríveis consequências no futuro.

Por outro lado, como adultos, quando revemos nosso comportamento e fazemos uma autoavaliação, devemos nos conscientizar de que erramos e somos falhos.

Ao fugir da autorresponsabilidade, apontamos culpados, ou mentimos ou nos justificamos. Nas empresas, é comum ver um líder perguntando a seu subordinado algo como: "Aquele relatório que eu pedi ontem, você providenciou?". E o colaborador, que se esqueceu de fazer, ao invés de dizer a verdade, mente.

Ele diz: "Sabe o que é? Eu vou lá resolver... fulano não fez" ou, se tiver um pouquinho de integridade, vai dizer: "estou terminando", mesmo sem ao menos ter começado. E uns mentem descaradamente: "Ué, mas você não recebeu? Eu mandei ontem", mesmo sem terem enviado.

Mas embora as mentiras e justificativas tenham se tornado comuns no mundo corporativo, elas não deveriam ser consideradas normais. Não refletem uma postura íntegra e honesta. Seria muito mais interessante ter dito: "Eu esqueci".

A maioria ou aponta culpados ou se defende com justificativas.

Se uma pessoa tem um prazo para entregar um projeto e combina com o seu chefe, ou com seu marido, ou com a sua esposa, se fez um trato com alguém, seja no trabalho, na vida, seja o que for, então é preciso cumprir com esse trato. E para se entregar qualquer projeto, é preciso ter conhecimento e experiência; se ela não tem experiência, deve buscar dentro da empresa algum profissional que já tenha feito um trabalho similar e montar um planejamento.

Quando essa pessoa monta o planejamento, se tem experiência ou conta com gente experiente para ajudá-la a montar aquele planejamento, vai questionar a si mesma se "o prazo que lhe deram ou que ela mesma estabeleceu é possível cumprir". Muitas pessoas sabem que não vão conseguir cumprir. E sabem o que elas fazem? Não falam nada.

Você já deve ter presenciado uma situação dessas. Às vezes, o chefe diz: "Cara, eu preciso disso aqui para amanhã". E o funcionário já responde: "Para amanhã não dá" ou "Para amanhã é impossível".

A postura adequada seria perguntar: "Chefe, por que você precisa para amanhã?". Em primeiro lugar, é preciso entender o que existe por trás daquela solicitação.

Porque, às vezes, o líder está dizendo que precisa para o dia seguinte, mas ele não precisa de fato. "Ah, eu preciso para amanhã porque o presidente pediu".

É nesse momento que entra a diplomacia e a habilidade de negociação.

"Chefe, legal. Lembra do projeto A, B e C? Eu vou parar o time para fazer isso, para poder entregar isso amanhã. Isso vai atrasar o que a gente combinou com o diretor financeiro. Tudo bem?"

Quem define é o líder.

Ele pode perguntar: "Essa é a única alternativa? Conseguimos pedir para a equipe trabalhar até mais tarde? Porque eu preciso entregar para o CFO e para o CEO".

Precisamos assumir a nossa postura no mundo, na vida, na organização. Não é questão de responsabilizar o pedido de última hora do chefe, ou a falta de organização da equipe. É uma prontidão em querer fazer parte de algo e assumir a responsabilidade pelo resultado daquela empresa, porque você faz parte dela.

Porque o que a maioria das pessoas não quer é resolver o problema. Quer é colocar a culpa em alguém por não resolver o problema. Porque então o cara, quando não bate a meta, a culpa não foi dele; foi o cliente que não fechou, não foi porque ele visitou pouco; foi porque está difícil de conseguir agendar.

Autorresponsabilidade é ter a total visão de que qualquer coisa que aconteça com você é 100% responsabilidade sua, e o que ocorre no seu entorno também é sua responsabilidade, porém, em parte.

O verdadeiro poder está em aceitar com coragem e humildade a nossa pequenez e limitação; isso nos permite reconhecer como precisamos uns dos outros e como temos sempre algo a aprender.

Um dia, eu estava em um táxi e o motorista estava num grau de energia tão alto, tão feliz, tão feliz, que eu inevitavelmente perguntei:

– Eu não sei se você é sempre assim, eu não sei o que tem, mas eu só sei o seguinte: que eu estou mais feliz agora do que quando entrei no carro e foi muito bom e eu queria te dizer isso.

Ele imediatamente respondeu:

– É porque eu fui levar a minha filha na escola hoje e aí ela veio aqui na frente e aí ela se achou uma adulta.

Então ele me contou sua vida, que, segundo ele, era maravilhosa. Ele ganhava 5 mil reais, a mulher dele não trabalhava, a filha fazia curso de inglês, a casa dele era própria e ele me disse em determinado momento:

– Pedro, segunda-feira, eu combinei com minha filha e a gente vai fazer um churrasco.

Eu respondi:

– Que legal... mas, o que é que tem em fazer um churrasco?

E ele respondeu:

– O que é que tem? Você faz churrasco às segundas?

Então me dei conta de algo extraordinário: a vida estava no comando para ele.

Eu saí do carro e pensei: "que vida maravilhosa esse cara tem".

Eu admirei aquele sujeito porque ele não via problemas na vida dele, embora, de fora, alguns pudessem ver problemas. Era ele quem decidia o que estava ou não ao alcance dele.

Já vi pessoas se lamentando porque precisavam resolver problemas para o presidente da empresa. O funcionário dizia: "Ah, eu sou só um analista e querem que eu resolva o problema para o presidente"; enquanto poderia pensar, "Que maravilha, eu tenho a oportunidade de preparar um relatório para o presidente da empresa".

Não fomos treinados para ver oportunidades nos desafios. Queremos ser cada vez mais dependentes. Deveríamos construir a nossa sorte, e não esperar por ela.

O que motivava aquele motorista? Buscar a filha na escola, fazer o churrasco na segunda-feira.

Precisamos encontrar a motivação para o que fazemos, da maneira como fazemos.

O que as pessoas não têm é isso.

▪ Erros e aprendizados

Quando digo que empresas e profissionais íntegros e honestos sempre se responsabilizam por suas ações, gosto de recordar o acontecido no final de 2018, no Google, quando o erro de um *trainee* fez a companhia perder algo em torno de 10 milhões de dólares.

O novo colaborador estava em um sistema de treinamento e apertou um simples botão. O tal botão era parte de uma plataforma de anúncios. Dessa forma, o erro criou um falso anúncio. Durante 45 minutos um tipo de anúncio foi efetuado por um valor muito acima do que costuma acontecer. O custo de cada mil impressões foi para 25 dólares enquanto o valor de mercado costuma ser de dois dólares.

Assim que percebeu o erro, a empresa diagnosticou o ocorrido e disse que honraria os pagamentos e com isso teve um grande prejuízo. Você deve estar se perguntando: "mas, afinal, o erro não foi do *trainee*?"

A questão é que o *trainee* não pode ser responsabilizado por um sistema de segurança falho que possibilita a um iniciante em determinada área executar certas ações.

Ao mesmo tempo, isso nos faz refletir sobre como pequenos erros podem causar grandes desastres econômicos. Ter essa consciência nos faz refletir também sobre a importância de um simples *trainee* em uma grande empresa como o Google.

Não existem profissões menores dentro de uma corporação. Todos precisamos ter a exata noção da responsabilidade para conosco e também para com o todo, porque cada atitude pode impactar o funcionamento de um ecossistema do qual fazemos parte.

Atualmente, há uma patrulha a respeito do uso de canudos de plástico que tanto poluem a natureza, mas muitos acreditam que "um a mais" não vai fazer diferença e continuam utilizando. Contudo, se avançarmos na história, tomamos consciência de que em 2050 haverá mais plástico do que peixes nos oceanos. E com uma informação dessas... não fazemos nada a respeito? Nem a nossa parte?

Enquanto alguns estão na turma do "eu não tenho nada a ver com isso", outros buscam soluções para os problemas que sequer foram eles que criaram.

A humanidade está dividida entre aqueles que são medíocres e se isentam da responsabilidade que lhes pertence e os que acabam assumindo uma responsabilidade por si mesmos e pelos que não estão fazendo a sua parte.

Em uma das empresas onde trabalhei, já vi funcionários reclamando por terem que fazer serviços que consideravam "inferiores" àqueles para os quais tinham sido contratados.

As pessoas são treinadas para serem medíocres. Nós vivemos em um mundo onde a nota 7 é suficiente. Não criamos hábitos que nos tornem pessoas melhores. Ter a vida extraordinária que sempre sonhamos exige que nos responsabilizemos por ela. Vamos agarrar todas as oportunidades de torná-la melhor.

Quando tomamos decisões, isso afeta toda a nossa existência.

Errar faz parte da vida, mas melhor do que errar é assumir os erros e entender os aprendizados por trás de cada erro.

Não podemos nos esquecer de que quando enfrentamos determinadas situações, podemos transformar tragédias pessoais em grandes triunfos. Nossos sofrimentos podem se transmutar em conquistas quando conseguimos aprender com o que eles nos trouxeram.

Durante toda a minha vida, tratei de ressignificar episódios que poderiam ser desastrosos e isso me trouxe a consciência de que quem estava no controle da maneira como eu estava sentindo a minha vida era eu mesmo.

Muitos de nós param no tempo quando erram, em vez de encarar os erros e utilizá-los para a própria jornada, como aprendizado.

Independentemente de qual profissão escolher, seja um motorista de aplicativo ou um presidente de empresa, sempre você será chamado a lidar com outras pessoas, e os desafios que surgem do relacionamento interpessoal são diários.

Na conversa com o motorista de táxi que relatei no capítulo anterior, não comentei da minha falta de sensibilidade ao momento e à felicidade que ele via quando me contou que tinha ido levar a filha na escola.

No momento em que ele disse que a menina de dez anos tinha ido no banco da frente, meu primeiro impulso foi dizer:

– Você desligou o airbag?

Ele não ouviu a pergunta e apenas disse:

– Oi?

Foram os segundos necessários para que eu voltasse ao momento presente. Em vez de celebrar com ele aquela "conquista" – a primeira vez que ela tinha andado no banco da frente com o pai –, me atentei ao fato de que a menina poderia não estar segura, menosprezando a magia daquele momento.

Cito este exemplo apenas para que você perceba que mesmo quando estamos presentes, podemos cometer "erros" durante a trajetória e tais erros podem vir de uma interpretação dos fatos. Eu poderia ter agido racionalmente durante a conversa e continuado a falar sobre o airbag, desprezando a emoção daquele pai que relatava uma trajetória tão intensa de amor.

No dia a dia, sempre lidaremos com outras pessoas, e quando falamos em alcançar o sucesso ou a vida extraordinária que queremos ter, precisamos ter em mente que tudo traz um significado para a nossa vida, inclusive as pequenas conversas que temos em momentos aparentemente insignificantes.

Hoje sei que errar é uma grande oportunidade para que possamos trazer uma melhor versão de nós mesmos. Pontos de vista diferentes nos possibilitam rever nossa conduta e comportamento, para que possamos recalcular a rota de nossa vida com as rédeas em nossas mãos.

Como já comentei, muitas vezes estamos condicionados ao que é aceito socialmente como "normal" e não refletimos se estamos "errando" em determinadas situações, porque vemos através de um filtro equivocado. Por isso, devemos diariamente nos dar a oportunidade de rever nossos conceitos e ultrapassá-los, refletindo acerca do que acreditamos para mudar a maneira como vemos a vida.

Certa vez assisti ao filme *Jerry Maguire, a Grande Virada*, que traz uma grande lição. No longa, que conta a história de um agente esportivo que acredita em um relacionamento mais humano com um número menor de clientes, o personagem principal é demitido justamente no seu auge. Tinha dinheiro, sucesso, uma carreira promissora, no entanto, resolveu desistir de tudo para lutar por algo em que acreditava.

Recomeçando a carreira do zero, ele passa a lidar com pressões e a deslealdade da concorrência com um único desafio: desenvolver maneiras criativas de cativar um cliente.

A trajetória do protagonista mostra a importância da persistência, da fé e da superação do medo de arriscar, e ao mesmo tempo chama a atenção para como sua vida profissional, no início, era pautada pela mentira e pelo fingimento. Quando ele começa a refletir a respeito, colocando as cartas na mesa sobre tudo o que pensava a respeito do mundo corporativo no qual trabalhava, ele é excluído daquele ecossistema.

Muitas pessoas, inseridas no mesmo meio, não eram capazes de perceber que haviam defeitos de caráter saltando aos olhos nos personagens que estavam ali naquele emaranhado do mercado corporativo e acabavam reproduzindo modelos porque estavam simplesmente seguindo uma lógica daquele mercado.

Portanto, aprender também significa se dar a oportunidade de rever a maneira como você enxerga o que vê atualmente. Em alguns momentos, isso pode desestabilizá-lo, porque as verdades em que acredita estão arraigadas em você.

Estamos condicionados a agir e a pensar de determinada maneira e muitas vezes nos julgamos certos dentro do nosso ponto de vista, que pode estar equivocado em determinado contexto.

Nenhuma verdade é absoluta, já dizia Platão.

Há pouco tempo participei de uma experiência em um retiro onde estive com minha esposa, cujo tema era reconexão. Em uma das dinâmicas, fizemos uma experiência com cavalos. E por que estou contando isso? Porque me vi diante de uma situação em que eu me julgava absolutamente certo, sem sequer conseguir dimensionar as consequências das minhas ações, mesmo que houvesse uma boa intenção por trás delas.

Havia um menino introvertido, com 12 anos de idade, que participaria da dinâmica com os cavalos. Os cavalos nunca tinham sido montados. Eram selvagens. E esse menino teria que domar o cavalo.

Os cavalos eram tão indomáveis que, na primeira experiência de um participante, ficamos assustados com a tentativa de fuga de um deles.

Então, lá foi o garoto participar da experiência. Como eu estava por perto, fiquei preocupado e logo quis incentivá-lo.

– Vamos lá! Você consegue!

O instrutor sutilmente declarou ao garoto para não ouvir as interações que vinham de fora, mas eu estava lá envolvido com aquilo e não dei bola. Queria ajudar o garoto. Considerava que ele tinha apenas doze anos e precisava da minha ajuda.

Conforme a dinâmica acontecia, eu ficava mais preocupado com ele. Cheguei perto, comecei as minhas ações de incentivo e de repente o instrutor fixou o olhar em mim, dizendo:

– Pare de falar.

Respirei fundo. Amorosamente, ele continuou:

– Ele consegue sozinho. Ele não precisa de você.

Eu me retirei e só a partir daquele momento consegui entender onde estava meu erro. Na tentativa de ajudar, eu estava enfraquecendo o garoto. Eu estava colocando todo aquele potencial para escanteio e julgando que ele seria incapaz de domar o cavalo e que precisava do meu incentivo para poder se sentir capaz.

Com aquela ficha caindo, eu comecei a refletir. E o aprendizado só foi possível porque eu me dei o presente de pensar a respeito. Quantas vezes queremos o melhor para nossos filhos, irmãos, familiares, e esquecemos que quase sempre o melhor para eles é que passem pelas experiências sozinhos.

Era um erro que eu tinha cometido a vida toda: tentar resolver situações de outras pessoas da maneira como eu as avaliava. Se eu continuasse ali, tentando motivá-lo, acharia que estava ajudando aquele garoto, mas no fundo estaria reforçando uma crença limitante dele.

Aquilo me impactou de forma profunda. E é isso o que fazemos o tempo todo: queremos "queimar" etapas para os filhos e para as pessoas que convivem conosco.

Aquele instrutor me fez ficar presente para o meu erro, que era uma maneira de ver a situação. E conseguindo enxergar aquele erro, fui capaz de absorver o aprendizado que estava contido ali.

Ele, de uma maneira brilhante, estava ajudando o garoto a crescer, enquanto eu dizia, de fora, "Vai, se empodera", e assim mandando a seguinte mensagem: "Você está fraco", mesmo com a intenção de fortalecer. Eu me colocava numa posição arrogantemente superior à do garoto por julgá-lo incapaz de completar aquela tarefa.

Portanto, devemos ser receptivos às ideias que são diferentes das nossas, para podermos reavaliar nosso comportamento em todos os âmbitos da vida.

Todos os dias temos que lidar com emoções em ambientes distintos, sofrendo com pressões e com prazos para resolver problemas sérios. Questões complexas norteiam nossa vida e precisamos tomar decisões baseadas em nossas crenças e valores.

Já dizia Galileu que não se pode ensinar coisa alguma a um homem. Apenas ajudá-lo a encontrá-la dentro de si mesmo. Portanto, todo meu esforço em escrever este livro, traduzindo em palavras as minhas aflições e histórias e a interpretação que tenho dos fatos é apenas uma maneira de despertar algo dentro de você.

Todos os dias, dê a si mesmo a oportunidade mágica de mudar a sua vida e de reavaliar a maneira como está conduzindo as coisas. Às vezes, você pode perceber que existem jeitos mais fáceis de lidar com situações com as quais está despendendo muita energia.

A vida é uma oportunidade mágica. Um grande laboratório. Cabe a nós embarcarmos nessa aventura cientes de que produziremos resultados conforme a nossa decisão de cada dia. Decida ser a sua melhor versão e comprometa-se com isso.

▪ Aceite, analise e ajuste

Em determinadas fases da vida, quando nos deparamos com situações que fogem do nosso controle, muitas vezes nos sentimos como se perdêssemos o chão. Talvez uma das piores tenha acontecido quando eu, certa vez, depois de uma longa semana de trabalho fora do Rio de Janeiro, onde morava com minha esposa e meus filhos, cheguei em casa.

Quando meus filhos eram pequenos, eu estava habituado com o velho e bom hábito de tê-los ao meu redor, fazendo uma verdadeira festa quando eu voltava do trabalho. Só que a gente não percebe quando as coisas começam a fugir das nossas mãos.

Eu era um executivo, mas meu foco era criar uma vida extraordinária para a minha família. Sabia que para proporcionar a eles as melhores experiências, eu precisava trabalhar com excelência para obter bons resultados financeiros.

No entanto, a mais valiosa das experiências estava se perdendo, que era o contato.

O vínculo entre pais e filhos é algo indiscutível. Jamais se perde o amor entre pais e filhos. Mas a conexão começa a estremecer a partir do momento que a presença não é fortificada através de momentos que podem ser carregados na lembrança.

E isso aconteceu como uma facada no meio do peito.

Era uma daquelas semanas típicas de trabalho, com viagens e reuniões. Eu estava absolutamente confiante, porque tinha passado a semana realmente conectado com a proposta da empresa e com os planos de expansão.

Até que virei a chave, literalmente.

Virei a chave da fechadura de casa e em vez de ser recebido com aquela celebração efusiva, ouvi um silêncio constrangedor. O cachorro correu em minha direção, abanando o rabinho e eu notei que cada um estava em seu quarto, usando o celular ou assistindo à TV.

Aquela cena ficou guardada na memória. Eu precisava, em primeiro lugar, aceitar aquela nova realidade. Eu tinha responsabilidade no que estava acontecendo. Como eu estava agindo para conquistar meu espaço ali dentro? Para fortalecer o vínculo com as pessoas que amava?

Temos como competência profissional a habilidade de promover encontros dentro das equipes, reuniões de alinhamento, criar situações para que a rotina das pessoas se torne mais agradável dentro das empresas. Existem departamentos inteiros e profissionais preocupados com a integração de times dentro de uma corporação.

Eu estava habituado com isso. Mas, se eu quisesse viver uma vida extraordinária, precisava fazer alguns ajustes.

Por isso, percebi que as três coisas fundamentais ao assumir a responsabilidade por alguma situação eram: aceitar a situação sem lamentar, analisar friamente as circunstâncias e ajustar o comportamento e as atitudes para conquistar o resultado desejado.

Foi depois desse dia que ajustei a rotina, o comportamento e a conversa dentro de casa, percebendo o quanto era importante estar mais presente, ter mais momentos memoráveis e criar motivos para que eles pudessem, espontaneamente, celebrar a minha chegada.

Inicialmente não foi simples. Só que, com o passar do tempo, criamos uma dinâmica que os fazia perceber a importância de cada gesto e eu também me dei conta de que para receber determinada coisa, precisamos, em primeiro lugar, aprender a doar.

Doar atenção se quisermos atenção. Doar momentos se quisermos momentos. Doar abraços se quisermos receber de volta tal demonstração de carinho.

O que acontece com os pais de adolescentes, como eu, é que vamos criando esse distanciamento e sequer nos damos conta de como as coisas vão desenrolando. E se você perceber os detalhes, não é do dia para a noite que algo se desfaz. Assim como as relações se criam com o tempo, quando nos dedicamos e colocamos foco nelas, elas podem se desfazer quando não damos o suficiente para que cresçam.

No final de 2018, fiz um movimento que me possibilitou estar perto da minha família. Era algo que eu adiava por muito tempo: uma decisão que sabia que precisava ser tomada, mas que não tinha a coragem necessária para tomar.

Quando deixei a vice-presidência da empresa onde trabalhava em São Paulo e peguei o avião rumo ao Rio de Janeiro, com o coração limpo e a alma lavada, senti que aquele era o momento de retomar a minha vida.

Eu tinha aprendido muito dentro do ambiente corporativo e sabia que ainda existia um longo caminho a percorrer, mas sabia onde estava o grande desafio e era necessário mais uma vez aceitar, analisar e ajustar tudo em relação à minha vida.

Momentos de crise podem ser generosos presentes para que possamos refletir a respeito de tudo aquilo que podemos melhorar. Aceitação é uma palavra mágica que nos faz parar de lutar contra determinadas condições e nos eleva, já que nos coloca em posição de humildade diante da vida. Aceitar é não tentar influenciar o resultado. É experimentar uma conexão diferente com os fatos.

Depois que aceitamos, somos capazes de analisar com o coração manso, sem julgamentos, arrogância ou medo, que podem nublar a nossa capacidade de avaliação dos fatos.

Por último, o ajuste.

É só o ajuste que nos faz ir adiante e modificar o rumo dos acontecimentos. Se hoje tenho a vida extraordinária com a qual sempre sonhei, com uma realização em todos os níveis, é porque ponderei cada desafio e fiz meu melhor dentro das circunstâncias, possibilitando meu desenvolvimento pessoal e a busca em direção aos meus sonhos.

Se estiver diante de um desafio, aceite, analise e só depois, ajuste. Caso contrário, sua vida será como uma locomotiva desenfreada, sem parada e prestes a descarrilar.

CAPÍTULO 7

Método CEPE

Conhecimento + Experiência + Planejamento + Execução = Sucesso

O que é sucesso para você? Essa pergunta, que parece ser simples de se responder, na verdade torna-se cada vez mais complexa nesse universo de tantas possibilidades.

Na era da tecnologia, o sucesso pode representar muita coisa. Por isso eu pergunto: você sabe o que é sucesso para você? Hoje sei que o sucesso tem que ser dividido. Não adianta ter sucesso financeiro se não houver um bom relacionamento em família. Ou, como muitos dizem, "nenhum sucesso profissional vale se houver fracasso na saúde".

Por isso, quando digo que quero construir uma vida extraordinária, sei que é preciso equilibrar pratos. Família, filhos, saúde, carreira, relações. São tantas vertentes que muitas vezes experimentamos uma certa frustração quando não é possível estar com toda a energia em todos os quadrantes da vida. Ao perceber isso, passei a investir tempo em treinos específicos para enfrentar maratonas de corrida porque sabia que o meu corpo físico precisava estar altamente energizado para me proporcionar uma vida digna de ser vivida.

Para o sucesso ser genuíno é preciso lembrar que não existe desconexão entre mente e coração. Tudo deve estar conectado, pulsando, como a vida. Em um ritmo em que sejamos capazes de conduzir tudo simultaneamente.

No entanto, a primeira coisa que devemos lembrar é que é preciso parar de achar que a felicidade está fora. As pessoas constantemente vivem a felicidade no externo e ficam buscando a satisfação de prazeres acreditando que estão em busca da felicidade. Se você ainda não conseguiu identificar, observe dentro de você com coragem e ousadia e entenda que felicidade verdadeira é aquilo que acontece dentro da gente, porque é o que nos realiza.

Nosso coração tem uma inteligência própria e se você se perguntar, "O que é sucesso para mim?", e a resposta for, "Ah, sucesso para mim é comprar um carro", vai perceber que a resposta veio diretamente da sua mente.

Coisas satisfazem o ego. Podem proporcionar conforto, segurança, mas raramente são fonte de felicidade ou representam sucesso. No máximo, seu status pode fazer com que você se sinta melhor momentaneamente, até recomeçar a busca por outra coisa. No entanto, vivemos numa sociedade em que os bens de consumo podem ser metas e caso sua meta seja atingir um determinado patamar na carreira, entenda que de nada adianta atingir a meta se você não desfrutou da jornada.

A primeira coisa que acredito que pode nos beneficiar é entender que podemos desfrutar de pequenas vitórias dentro da jornada. Ou seja, vamos supor que o seu sucesso na área da saúde, por exemplo, seja chegar aos 90 quilos. Você está atualmente com 120 quilos, mas não pode menosprezar seu esforço quando chegar nos 110 quilos. Porque embora ainda não tenha atingido a sua meta, você precisa entender que liquidou 10 quilos e isso deve ser motivo de comemoração. Sinta-se energizado por ter percorrido o caminho, sem desistir.

O mesmo vale para todos os âmbitos da vida. A regra é celebrar as pequenas vitórias. Celebrando as pequenas vitórias você começa a não se sentir frustrado com tanta frequência. Em vez de se olhar no espelho quando ainda está acima do peso e não atingiu sua meta e ficar se massacrando, você passa a ser gentil consigo mesmo e observar os aspectos positivos que fizeram com que você chegasse mais perto do seu objetivo, que representa o sucesso para você nesse momento.

Comemorar cada capítulo de sua vida faz com que a vida por inteiro seja mais saborosa. Portanto, tudo aquilo que tornar você uma pessoa melhor é motivo de comemoração. O sucesso pode estar na jornada, no percurso. Pode estar no caminho que você percorre até alcançar o seu sonho e isso precisa estar claro, caso contrário sua vida será um relatório de desafios, decepções e medos que não o mantém energizado para seguir adiante.

O foco deve estar sempre naquilo que o aproxima do que você considera sucesso. Se a vida familiar é o sucesso na área de relacionamento, quando der uma bola dentro nesse quesito, entenda que progrediu como pessoa. Se quer um relacionamento perfeito com sua esposa e não se esmera em modificar seu comportamento e suas atitudes para proporcionar as melhores experiências como casal, dificilmente irá vivenciar uma relação de sucesso. Mas se estiver consciente de que cada dia vale na construção dessa relação, conseguirá perceber como os pequenos investimentos de tempo são fundamentais na manutenção do amor – palavra de quem vive um relacionamento com a mesma mulher desde os doze anos de idade.

Mas, Pedro, e quando eu errar?

Se você segue esta regra, tudo fica mais claro. Quantas vitórias você comemorou? Quantos dias difíceis? A média positiva o faz seguir adiante.

Hoje, quando me lembro de toda experiência que tive com minha avó, meu pai e minha mãe, eu me dou conta de que desde cedo eu dizia que queria ter sucesso.

Na época, ainda jovem, eu acreditava que para obter sucesso bastava seguir os passos de quem já tinha sucesso na área que eu desejava atuar, e então chegaria no mesmo resultado. Assim, para não passar pelos mesmos erros, estava sempre junto das pessoas que tinham um relativo sucesso; dessa forma, eu eliminava as possibilidades de equívoco e chegaria aos melhores resultados mais rápido.

Eu queria ser o melhor vendedor, logo, falava com os melhores para poder absorver tudo que eles tinham a ensinar. Sem perceber, eu ia atrás de conhecimento. Era isso que eu buscava para poder passar para a segunda fase, que era a de experimentar a teoria.

Entendia que quem fazia Medicina, por exemplo, não conseguia todo o conhecimento apenas cursando a faculdade; era preciso absorver o conhecimento e depois adquirir experiência. A prática é bem diferente da teoria, principalmente porque existem variáveis que não podemos controlar. Para um médico recém-formado, quanto mais atendimentos como residente, melhor. Isso amplia seu campo de possibilidades e o faz adquirir experiência para que possa montar um plano e executar com maestria a própria profissão.

Para que eu possa ser um grande empresário, de uma fábrica de café, de um escritório ou de um restaurante, por exemplo, eu não preciso necessariamente ter feito uma faculdade. Mas eu certamente preciso adquirir conhecimento, eu preciso estudar – a teoria é fundamental antes da prática. É claro que aprender na prática tem valor, mas se há alguém que já teve essa experiência, você deve, sem dúvida nenhuma, estudar como ele fez, assim você ganha velocidade, evita os mesmos erros e queima etapas. Ao ampliar seu conhecimento, você facilita e muito a entrada na execução.

Mas muitas pessoas não saem do lugar. E por quê? Porque ao começarem a adquirir experiência, não se planejam para executar aquilo para o que estão se preparando.

Muitos fazem o plano, mas não o executam e param no primeiro dia. Ou colocam o planejamento debaixo da árvore de Natal e olham para ele apenas no ano seguinte.

Se você é uma dessas pessoas, vou lhe dizer uma coisa: não é dessa forma que vai chegar em algum lugar. Para ter sucesso, em qualquer área da vida, você deve seguir este método, esta fórmula: Conhecimento + Experiência + Planejamento + Execução = Sucesso.

Para começo de conversa, você precisa saber que conhecimento está relacionado a ter clareza no seu propósito. E isso significa ter clareza de quem você é. É necessário ter clareza em seus objetivos e metas. Só dessa forma você consegue progredir e ter uma mentalidade energizada.

Como já citei, tive o prazer de fazer alguns treinamentos com o Tony Robbins e, para mim, uma das coisas mais marcantes em seu discurso foi a menção de que devemos constantemente fazer um triângulo com as seguintes perguntas: "Qual o meu foco? Qual o significado disso? Qual o reflexo da minha atitude?"

Eu costumo dizer que, fisiologicamente, sabemos quando as coisas não estão bem. Isso porque, se vamos focando nas derrotas, dando significado negativo a elas, naturalmente nos sentimos mal. Nosso corpo responde às nossas atitudes.

Então, antes de mais nada, conhecimento é conhecer a si mesmo.

Eu só consigo medir se minha mentalidade está poderosa e energizada se sei como estou reagindo a tudo que acontece em minha vida.

Se você ainda está em dúvida se conhece a si mesmo e se tem uma mentalidade poderosa, identifique o foco que está dando às coisas, dê os reais significados a elas e diga sinceramente como se sente fisiologicamente em relação a isso.

Uma boa dica é colocar o despertador de hora em hora e escrever o que aconteceu com você na última hora. É muito mais fácil você registrar o que aconteceu na última hora do que se lembrar de tudo que aconteceu depois de dormir.

Muita gente me pergunta por que é preciso esse registro de hora em hora, e eu explico: se você fizer isso por três dias, vai conseguir entender exatamente quem você é. Você é uma pessoa frustrada? Quando acontece uma coisa na sua vida, qual é o foco que você dá?

Porque uma maneira de se conhecer é você se olhar, entender qual o significado que você está dando às coisas e perceber fisiologicamente como está se sentindo.

Se você identificar que para tudo aquilo em que coloca o foco, dá um significado ruim, e fisiologicamente se sente mal, já terá consciência de que precisa buscar dentro do conhecimento coisas que modifiquem esse padrão mental.

Um amigo, depois de fazer o exercício, disse o seguinte:

– Legal, eu sei que sou deprimido, sempre ouvi isso da minha mãe e não concordava, mas agora que fiz esse exercício, realmente, eu sou um cara que acredita na teoria da conspiração e acho que todo mundo está contra mim, mas, na verdade, não está. Mas isso é mais forte do que eu, o que eu posso fazer?

Se você se identificou com esse amigo, primeiro, parabéns. Você tem consciência. Então, agora, você precisa ter o quê? Um plano.

Lembre-se de que este método vai fazer com que você alcance um resultado.

Aplicando o método, você entende quem é, como se sente, e a partir disso pode buscar o conhecimento necessário, a experiência complementar, e formatar um planejamento para executar e chegar no sucesso, seja ele qual for.

Se você quer melhorar a sua situação financeira, por exemplo, ou sua relação com os filhos, ou sua qualidade de vida, você precisa saber por onde começar a tomar as ações que o conduzirão ao sucesso.

A clareza do objetivo é o primeiro passo antes de se aplicar o método.

Se o seu objetivo é dobrar o faturamento em três meses, você sabe que essa é a sua meta. Ela representa o sucesso nessa área para você. Para isso, primeiro você precisa entender a sua mentalidade. Então, questione: "Como eu estou? Qual o foco que dou para isso? Como está a minha fisiologia?". Nos próximos três dias você precisa colocar o seu despertador para tocar de hora em hora; vai parar e avaliar o que aconteceu durante aquela hora, qual foi o foco que você deu, qual foi o significado e como você reagiu. Por quê? Porque então você vai entender, depois desses três dias, qual é o seu percentual de coisas boas... o quanto você é negativo e o quanto você é positivo.

Se você constatar que "em 70% do meu dia eu tenho pensamentos positivos que me colocam para cima, que querem que eu vá além", você está no caminho certo para ter uma mentalidade poderosa e energizada... "O foco ali é o problema, o significado foi negativo, mas eu estava bem, eu estava poderoso".

O que você pode fazer com isso?

Aí entra um pouco a questão da autorresponsabilidade. É preciso estar com a mente poderosa e energizada, como mencionado alguns capítulos antes, para estar presente para as coisas que acontecem em sua vida.

Você é responsável por tudo.

O que às vezes você pode não enxergar – e esse exercício de três dias é muito simples e eficiente –, é que você vai ter uma consciência que é só sua.

O que você vai fazer? Vai tomar uma atitude? Eu não posso tomar uma atitude por você. Você precisa montar uma estratégia para entender a si mesmo.

Viver uma vida poderosa é a melhor maneira de tornar o comum em algo extraordinário.

Voltando ao nosso exemplo: se você já tentou dobrar o seu faturamento, então já tem uma experiência.

Você precisa escrever. Escreva as ações que já tomou e, se deram errado, a razão disso.

Seja sincero consigo mesmo: "Eu fiz isso e essa ação deu errado. Mas por que deu errado?"

Se escrever "Ah, eu contratei promotores", pense: que promotores eram esses? Eram homens ou mulheres? Tinham que idade? Você os colocou num determinado ponto da cidade. Por que não funcionou?

Você precisa dissecar tudo realmente, depois entender o que serve e absorver o que o faz crescer e, então, pode acelerar as suas experiências.

Acelerar experiências é conviver com quem já fez algo. Tenha um mentor, um *coach*, escolha conviver com pessoas que o empurram para o topo.

Ao detectar suas fraquezas, fica mais fácil saber onde colocar energia e estar presente para crescer. Em todas as áreas.

Tem gente que é viciado em se sentir mal. Tem gente que é viciado em ser grosseiro com as pessoas.

Eu, por exemplo, preciso constantemente zelar pela minha paciência, já que meu pensamento é acelerado. Logo, quando estou em um restaurante e a refeição demora para chegar, tenho o desafio de respirar para não perder a paciência. Sei que esse é meu desafio.

O meu é esse, o seu pode ser o desafio do peso, pode ser o desafio de gastar muito dinheiro, pode ser o desafio de trair. É preciso estar presente para a sua fraqueza.

▪ O método na prática

Você tem que ter hábitos, rotinas e KPIs[6]. Se for um leitor atento, deve se lembrar que falei algumas páginas atrás sobre processos e pessoas. O sucesso de uma empresa são processos e pessoas; se os processos funcionam como foram descritos, teremos KPIs que ajudarão as pessoas a entender, de forma clara, o seu desempenho. Assim separamos o "joio do trigo", sejam pessoas em lugares errados ou processos que precisam melhorar. Sem hábitos, rotinas e KPIs, as empresas não prosperam e quebram.

Por isso, é preciso entender que somos nós que fazemos o nosso sucesso. NÃO TERCEIRIZE o seu sucesso.

A definição de onde você quer chegar não quer dizer que você vai chegar aonde quer e isso deve estar claro desde o princípio para que você não se iluda. Depois de definir o que quer, você precisa executar aquilo que se propôs a fazer. Mas esta deve ser uma rotina medida com frequência, permitindo assim que você faça ajustes no seu plano sempre que necessário.

O que eu quero que você faça a partir de agora é um exercício para entender onde quer chegar e qual o sucesso quer atingir. Se quer vender mais, se quer ter mais saúde, se quer conquistar algo, ou o que for. Aplique o método que você vai chegar no seu objetivo.

---

6   KPIs (*Key Performance Indicator*) quer dizer indicadores de desempenho. Esse indicador é utilizado para medir o desempenho dos processos de uma empresa e seus colaboradores. Normalmente cada indivíduo conhece os principais KPIs da empresa em que trabalha.

Minha sugestão é dividir o que é sucesso para você, e não estipular um único objetivo para ter sucesso. Sugiro ao menos duas metas para cada pilar da vida extraordinária, ou seja:

Uma meta para a família, por exemplo: ter 1 hora de interação com os filhos por dia (seja brincando, conversando ou abraçando e beijando).

Veja que a meta é específica – interação com os filhos – e detalha o que eu entendo por interação com eles (brincando, conversando ou abraçando e beijando).

Tem um tempo estipulado: 1 hora. Assim, garante que não são 45 minutos ou 2 horas. Com 1 hora, a meta estará cumprida.

Divida esta meta da seguinte forma:

	Segunda-feira	Terça-feira	Quarta-feira	Quinta-feira	Sexta-feira	Sábado	Domingo	Total	Status
META	1h	1h	1h	1h	1h	1h	1h	7h	Meta
Realizado	30 min	Não consegui	1h	1h	45 min	2h	2h	7h 15m	103,5%

Este modelo é flexível e o ajuda a entender o seu status dia a dia; garante que mesmo se não chegar no objetivo, haverá dias em que você terá sucesso pleno, não viverá apenas o sucesso ao fazer a medição final. É muito importante fazer todos os dias o preenchimento, sei que dá trabalho, mas para ter uma vida extraordinária, vale a pena!

Mesmo que você não chegue ao objetivo pleno, terá "pílulas" de sucesso que irão incentivá-lo a não desistir. Veja neste exemplo:

	Segunda-feira	Terça-feira	Quarta-feira	Quinta-feira	Sexta-feira	Sábado	Domingo	Total	Status
META	1h	1h	1h	1h	1h	1h	1h	7h	Meta
Realizado	30 min	Não consegui	30 min	1h	Não consegui	2h	1h	5h	71,4%

Primeiro, lembre-se: uma meta é feita para ser superada. Porém, no exemplo acima, não aconteceu, então, o primeiro ponto é viver a frustração no máximo 30 minutos! Agora que você tem um KPI, pode entender "por que" não cumpriu tal meta, ou seja, olhando o dia a dia, vai entender o que não o permitiu chegar no objetivo, se foi procrastinação, se perdeu o foco, se surgiu um novo trabalho... Com um diagnóstico claro é possível ajustar o plano. Mas lembre-se de se perguntar se deve manter a meta; se sim, siga com o novo plano e garanta a correção do percurso. Mas vale comemorar pelos dias em que conseguiu, separando o sucesso em frações. Isso o motivará, pois se você conseguiu em alguns dias ou etapas, é a prova de que é possível! Parabéns pelos dias em que conseguiu ou até superou sua meta. Contudo, eles não foram suficientes para cumprir a meta final. E agora, o que você pode fazer para chegar no seu objetivo?

Este foi apenas um exemplo, mas recomendo fortemente que você estipule essas metas em todos os pilares da vida. Abaixo, relacionei os que eu uso, e você poderá tirar ou incluir, pois a vida extraordinária será sua!

1. Saúde / Energia;
2. Emoções / Significado;
3. Família / Amigos;
4. Conhecimento / Crescimento;
5. Trabalho (carreira, missão);
6. Finanças;
7. Deus e Contribuição.

Gosto de usar o desenho abaixo para explicar como dividir e distribuir as metas. Tudo bem se você começar com 4 ou 5 metas, o importante é começar, e não arrumar desculpas para deixar para depois!

Muitas pessoas projetam a felicidade no futuro, mas a felicidade está em viver o momento presente, as pequenas coisas que a vida nos proporciona. Essas pequenas conquistas nos tornam imparáveis, nos tornam conquistadores!

Todos nós temos "originalmente" as mesmas ferramentas para chegar ao topo, ninguém é melhor do que o outro, somos iguais! Use seu cérebro para adquirir conhecimento no que o motiva, no que o torna um ser humano melhor. Seja você mesmo, seja autêntico! Não tenha medo de errar, mas tenha consciência dos seus erros para poder se ajustar e evitar que se repitam. Qualquer pessoa pode ser o que quiser ser!

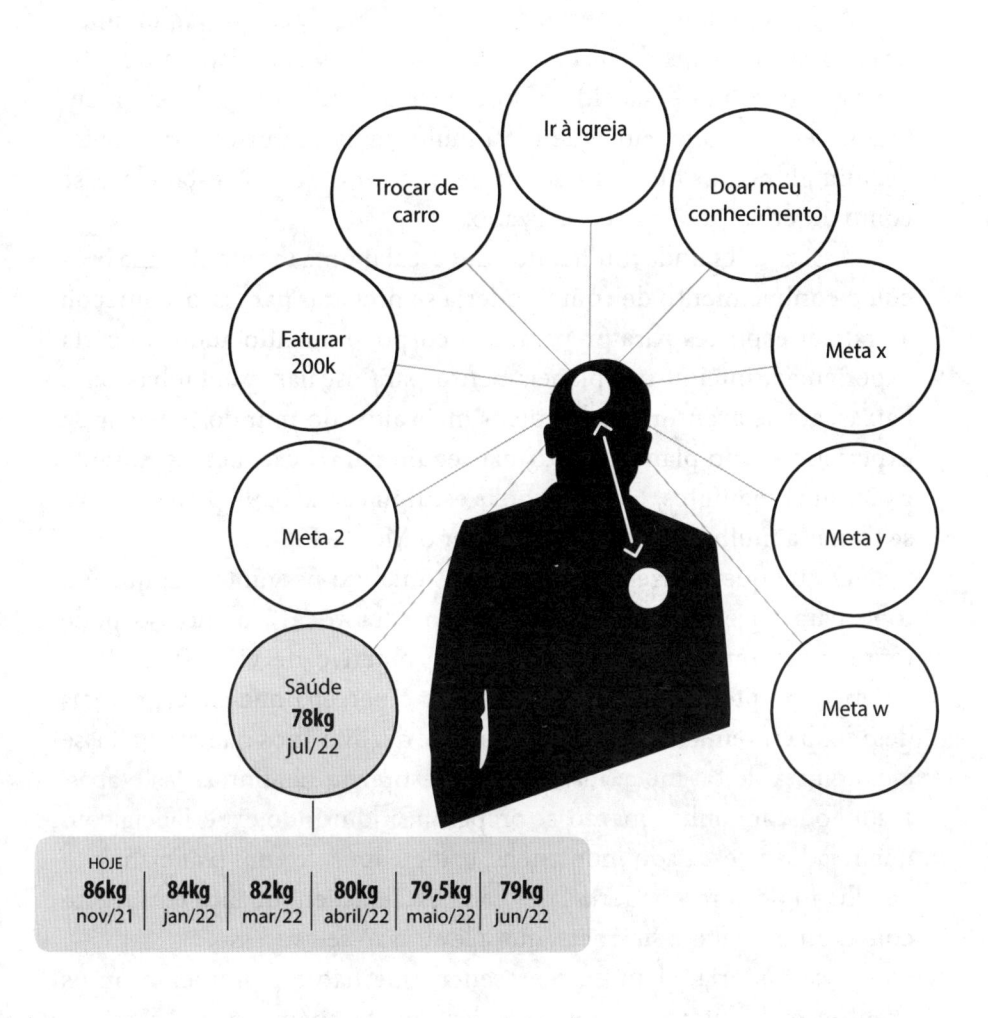

- Ir à igreja
- Trocar de carro
- Doar meu conhecimento
- Faturar 200k
- Meta x
- Meta 2
- Meta y
- Saúde **78kg** jul/22
- Meta w

HOJE					
86kg	**84kg**	**82kg**	**80kg**	**79,5kg**	**79kg**
nov/21	jan/22	mar/22	abril/22	maio/22	jun/22

Certa vez ouvi uma história relatada pelo Capitão Gerald Coffee, em sua experiência para lembrar às pessoas do mundo inteiro o poder que temos dentro de nós para conquistar tudo aquilo que desejamos.

Embora na vida possam existir desafios, dores ou problemas, quando sabemos aonde queremos chegar, buscamos conhecimento, adquirimos experiência, fazemos um planejamento e executamos. Desse modo, qualquer desafio pode ser superado.

A história que ele contou é a de duas mulheres que, ao completarem sessenta anos de idade, assumiram uma visão distinta do fato. Uma acreditava que sua vida se aproximava do fim. Ela tinha em mente que seu corpo já não aguentava muito mais. A outra, por sua vez, decidiu alimentar outra crença: a de que tudo que ela estabelecesse como objetivo poderia ser realizado.

Assim, a segunda mulher decidiu escalar uma montanha. Ela buscou o conhecimento de como poderia se preparar para isso, começou a praticar esportes para preparar seu corpo, e quando adquiriu certa experiência, iniciou um planejamento para escalar montanhas mais baixas, até se aventurar pelos picos mais altos do mundo. A partir da experiência e do planejamento, ela seguiu para a execução e durante os 25 anos seguintes, Hulda Crooks escalou cerca de 97 picos e veio a se tornar a mulher mais velha a escalar o Monte Fuji.

O que quero dizer com isso? Que quando pergunto, "O que é o topo para você?" ou "O que é sucesso para você?", o sucesso pode representar um novo desafio, um novo objetivo de vida. Para ela, o objetivo era literalmente chegar ao topo e perceba que ela tinha mais desafios a enfrentar do que uma pessoa de dezoito anos que se sujeitasse à conquista de tal meta, mas ela não desprezou nenhuma das etapas. Ela foi buscar conhecimento, se preparou, adquirindo experiência com quem já havia escalado montanhas, e, logo após, fez um planejamento detalhado de como poderia fazer cada escalada, em quanto tempo, até conseguir executar a sua meta, que a levaria ao seu sucesso.

Essa história, além de representar que não é o ambiente ou os eventos que determinam nosso destino, também ensina como o significado que damos ao que acontece conosco pode determinar as nossas ações seguintes.

Uma pessoa pode ter a convicção de que alcançará determinado objetivo e se preparar para que aquilo aconteça. Ela pode ter entre 60 e 70 anos de idade e conquistá-lo 20 anos depois, como na história. Mas se ela estiver determinada, nada a impedirá de alcançar o que planejou.

Podemos passar uma vida toda procurando desculpas para não buscar conhecimento. Ou para não adquirir experiência quando conhecemos algo e não colocamos em prática. Também podemos arranjar desculpas para não executar uma ideia após um planejamento e tudo isso nos distancia de viver a vida plena que merecemos.

A vida extraordinária pode estar onde você determinar. Pode estar no alto do Monte Fuji, pode estar na sala do seu apartamento, pode estar dentro de uma empresa. Você quem determina o que representa sucesso para você.

Se estamos conscientes e somos responsáveis por nossa vida, podemos nos tornar protagonistas e heróis de nossas jornadas pessoais.

Citando o cofundador da Microsoft, Bill Gates, posso afirmar que ele não é apenas um sujeito genial que conquistou algo. Ele sabia que existia uma companhia desenvolvendo um computador e prometeu que faria seu melhor para entregar um software para essa companhia.

Ele adquiriu conhecimento, testou de diversas formas, assumiu o compromisso e fez um planejamento. Ele sabia que ao assumir tal compromisso, precisava executar seu plano até que aquilo desse certo. Esse era o verdadeiro compromisso.

Existem muitos talentos desperdiçados por aí. Pessoas que são geniais em determinadas áreas, mas não aplicam na sua vida o método CEPE. Essas pessoas podem ter conhecimento, experiência, mas não planejam nem executam os planos para alcançarem objetivos maiores.

A genialidade existe, mas todo aquele que sabe o que quer e toma as rédeas da vida, certo de que vai explorar todos os recursos próprios e buscar conhecimento para conquistar o que quer, chega aonde se propôs.

Muitos podem ter sido tão capazes ou inteligentes quanto Bill Gates, mas ele foi capaz de executar um plano. Foi assim que ele buscou um sócio e projetou uma linguagem que tornava uma realidade o computador pessoal. Ele simplesmente encontrou um meio de realizar executando um planejamento. Ele já tinha conhecimento e experiência.

Hoje, sucesso para mim é que minha mulher e meus filhos tenham uma vida extraordinária. Eu sempre soube que para atingir esse objetivo era necessário transformar algumas coisas em minha vida, mesmo sabendo que ela já era maravilhosa.

O propósito é você quem encontra, e isso não é função do seu *coach*, do seu amigo ou dos seus pais. O verdadeiro sucesso é seguir aquilo que a sua alma aponta como caminho.

Se você entender isso, ficará mais fácil identificar aquilo que deseja para si.

Para mim, criar uma vida extraordinária para a minha família é a meta da vida. Eu me sinto realizado quando vejo minha filha escrevendo em um quadro o quanto está plena em sua vida, agradecendo meu esforço. Eu me sinto realizado quando vejo a professora do meu filho contando o quanto ele relatou, empolgado, tudo que aprendeu em nossa última viagem em família.

É curioso que nessa jornada de realizações podemos ter objetivos em diversas áreas da vida, mas quando encontramos as motivações da alma, dificilmente nosso íntimo dirá que sucesso é ser CEO de uma empresa. **Sucesso é ser o CEO da sua vida. É estar no comando**.

Eu sou um cara que busca sucessos constantemente. Eu me realizo com eles, mas fico atento para não perder o percurso durante a jornada.

Escrever este livro é mais um de meus objetivos sendo realizado. Busquei conhecimento, falei com pessoas que tinham experiência, fiz um planejamento e executei o plano.

O que quero que entenda é que ter uma vida extraordinária não é perseguir um único plano. Você precisa aplicar este método em todos os aspectos de sua vida. Por exemplo: se eu quero uma vida extraordinária, preciso ter saúde, certo? Caso contrário, será impossível realizar todos os outros objetivos. Portanto, busco conhecimento na área de saúde, adquiro experiência, faço um planejamento de uma rotina saudável e executo meu plano.

Não é todo dia que acordo disposto a executar o plano, mas sei que se não cumprir as pequenas metas que foram predeterminadas por mim, não obterei o resultado que persigo.

Sem saúde, não consigo trabalhar e render para ter resultados na vida profissional, nem ter energia para vivenciar momentos com a minha família.

Tudo faz parte do ciclo.

A questão é que sempre estamos priorizando determinadas áreas da vida em detrimento de outras. É preciso uma avaliação constante do que é necessário para aquele momento.

Qual é a dificuldade em ambientes corporativos? É que as pessoas terceirizam o sucesso delas. Sempre falei isso para os empresários durante minhas palestras. O quanto você, empresário, está terceirizando o seu sucesso?

Se o negócio é seu, não é porque você contratou um vendedor que tudo está resolvido. Não está resolvido.

O seu colaborador pode estar com problemas, talvez tenha que pegar ônibus, esteja deprimido ou tenha sido traído. O empresário deve entender que precisa criar meios de medir esses processos para que ele consiga entender para onde está indo o negócio dele.

Isso acontece da mesma forma no seu casamento, da mesma maneira na sua forma de contribuir, na sua forma de ter uma vida saudável. O quanto você atribui sua má educação alimentar ao ambiente onde come? Isso é terceirizar a sua responsabilidade: olha o cérebro tentando amenizar as coisas para você! Coitadinho de você, come mal porque não tem tempo de procurar um lugar melhor... você trabalha tanto... Besteira, isso é desculpa para não fazer o que tem que ser feito!

Outro dia eu comi massa à noite. E por essa razão não dormi bem e fiquei com a coluna ruim. No dia seguinte, eu não pude correr. E por quê? Porque eu atribuí a minha saúde à pessoa que estava comigo no jantar.

Isso acontece o tempo todo. Se você está fazendo um processo de desintoxicação, por exemplo, e um amigo o chama para uma cerveja.

Você deixa de concluir uma etapa do seu planejamento para executar o planejamento que o outro propôs.

Naquele momento, você atribuiu a sua saúde a ele, pois foi ele quem comandou.

No entanto, também precisamos trabalhar a nossa flexibilidade, do contrário viramos robôs. Existe, sim, um planejamento, mas nós temos que ter flexibilidade. Ao fazer um planejamento no método CEPE, se você eventualmente não conseguir cumprir um determinado ponto, de nada adianta você se frustrar; a frustração faz parte, o grande ganho é ter a consciência da frustração, entender o "porquê" de não ter chegado lá e ajustar o plano. Muitas pessoas estão frustradas e/ou deprimidas e não conseguem entender o porquê, o que as direciona para um quadro clínico. Então, assuma as rédeas da sua vida, pare e pense no porquê das coisas acontecerem na sua vida – tanto as boas como as ruins – e aplique o método!

Muitas pessoas usam a expressão: "O céu é o limite". Pois eu lhe digo: "O céu NÃO é o limite", ou seja, não há limite quando você quer de verdade alguma coisa! Faça o bem e siga o método CEPE!

▪ Obstáculos para aplicar o método CEPE

1. Julgamento

Julgar é algo que fazemos o tempo todo e é um dos maiores impeditivos para o nosso crescimento. O julgamento limita a nossa maneira de enxergar o outro e nos impede de aprender com as situações, porque, ao julgar, permanecemos vendados, acreditando nas nossas verdades.

Outro dia entrei em um táxi e o motorista começou a falar de futuro. Ele falava sobre aposentadoria, previdência. Parecia pouco preocupado com o presente e eu, em minhas anotações mentais, ficava julgando aquele comportamento.

No meio da conversa ele perguntou meu nome, o nome dos meus filhos, e a conversa seguia no mesmo tom enquanto eu conjeturava, julgando o que estava sendo dito.

Ao sair do táxi, me despedi e ele disse:

– Que tudo dê certo para a sua esposa. Dê um beijo no João e na Júlia, sr. Pedro. Foi muito bom viajar com você.

Aquela despedida soou como um soco no meu estômago. Eu estava tão perdido no meu julgamento durante a viagem que não lembrava o nome dele. Ele estava falando do futuro, mas estava presente. Eu o julgava por pensar em algo que não era presente e estava fora do presente.

Muitas vezes o julgamento diz mais a respeito de você mesmo do que do outro. Perceba isso.

Não julgar é quase impossível. É preciso ter um nível espiritual e/ou energético acima da média para isso; então, minha dica é escutar com amor, pensando que a pessoa que está diante de você não está querendo "se dar bem", mas tem um interesse por estar ali e está fazendo o seu melhor. Isso o ajudará a interpretar o que foi dito e a tirar as suas conclusões só após a comunicação, ouvindo na íntegra, para eventualmente tomar alguma decisão ou simplesmente viver aquele momento.

Quem nunca ouviu "você tem duas orelhas para escutar mais do que falar"... Esta lógica é boa, mas o que na verdade precisamos fazer, além de ouvir, é não ficar julgando com base nas "nossas verdades" durante a fala do outro! Isso ajudará você a crescer e, acima de tudo, a aprender mais!

2. Medo

O medo está presente na vida das pessoas de todas as formas, e ele é capaz de impedir que o método CEPE seja experienciado caso você tenha medo de viver as coisas na segunda etapa do processo.

Quando reunimos conhecimento, podemos ter resistência em experienciar e, muitas vezes, como esse conhecimento representa algo novo, não temos o controle do que pode reverberar dentro de nós. Logo, muitos bloqueiam a experiência por medo do que pode vir a seguir.

O medo impede as pessoas de efetuarem mudanças em suas vidas.

Tony Robbins diz que devemos pensar em nossas emoções como um supremo jardim. "A maneira de garantir uma colheita abundante é plantar sementes como amor, ternura e apreciação, em vez de sementes como desapontamento, raiva e medo".

Se observamos essas ervas daninhas em nosso jardim, devemos tomar uma providência imediata e arrancá-las, a fim de abrir espaço para o crescimento das plantas saudáveis.

Acreditar que é possível e que você é capaz é uma boa alavanca para seguir em frente, mas de nada adianta se não seguir o método! Não tenha medo de ter uma vida extraordinária!

3. Dificuldade de comunicar necessidades

A dificuldade de comunicar necessidades pode ser um obstáculo para o sucesso de qualquer empreitada. Em uma família, o mesmo ocorre quando a esposa ou o marido não se comunicam adequadamente entre si ou com os filhos, e vice-versa. E na empresa, isso acontece com frequência.

Esse alinhamento de expectativas é sempre importante em qualquer tipo de relacionamento interpessoal, já que muitas vezes achamos que estamos nos comunicando bem com os demais.

Os liderados também tendem a não comunicar aos líderes aquilo que os deixa insatisfeitos – eles conversam em rodas, mas não fazem solicitações claras, simplesmente se colocam numa posição em que o outro tem que imaginar quais são as necessidades deles.

Mas qual é o ponto? Indo para um ambiente corporativo ou mesmo um ambiente social, devemos estar presentes para a história que contamos sobre nós mesmos.

O quanto nas histórias que contamos somos as vítimas do mundo? Ter essa dinâmica consigo mesmo é o oposto de ser poderoso e energizado. Temos que ter ciência de que a nossa vida é responsabilidade nossa.

Se aconteceu algo no seu planejamento que não se cumpriu, a única coisa que você precisa é ter a consciência do porquê de aquilo ter acontecido.

Uma forma interessante que pode ajudá-lo é ter o que chamo de "regra de convivência": uma lista simples do que pode ou não ser feito, e quem faz. Essa regra de convivência pode ser criada em qualquer meio, corporativo ou pessoal; combinar o jogo e envolver as pessoas muda tudo. Falar o que pensa como entrega é fundamental para evitar frustração, e o melhor, garante que o resultado seja atingido.

4. Focar apenas no objetivo

Muita gente se perde na trajetória da vida porque fica o tempo todo focada no objetivo. Para essas pessoas, eu digo: o equilíbrio é dividir os *goals*.

Você precisa comemorar as pequenas vitórias em sua vida. Focamos em tudo aquilo que está deficiente e não jogamos luz no que chamamos de pequenas vitórias ou conquistas.

Muitas pessoas vivem acreditando que precisam de algo e delegam a felicidade para um futuro que parece que nunca vai chegar.

"Quando eu for promovido", "Quando eu tiver aquele apartamento", ou "Quando eu comprar aquele carro", ou "Quando eu casar". São objetivos futuros que não trazem a exata noção da realidade vivida no hoje.

Eu sei que quero ter uma vida extraordinária, então celebro cada ponto positivo em direção a essa vida. Celebro ter acordado cedo para fazer exercícios físicos, celebro a leitura do meu jornal, celebro tudo aquilo que me impulsiona em direção ao meu objetivo e não me afasta dele.

Como você se relaciona com os seus pequenos *goals* ou pequenos sucessos? Viva cada conquista, por menor que ela seja; quando você contabilizar as suas pequenas conquistas, poderá se surpreender por quanta coisa fantástica consegue realizar em um único dia! Talvez tome consciência de que tem muito mais sucesso do que imagina, e isso o ajudará com uma força interna para alavancar ainda mais seus resultados. Faça a anotação de um ou dois dias, de cada pequena conquista – pode ser desde não apertar o "soneca" no celular, fazer 30 minutos de caminhada, a entrega de um relatório no prazo, chegar em uma reunião no horário e conseguir concluí-la no horário planejado sem perder o foco, almoçar uma refeição saudável, ligar para alguém que você ama... Some e veja quantos pequenos sucessos você tem no seu dia e poderá se surpreender! Mas faça, não deixe para depois ou termine mais um livro sem colocar em prática nada do que leu! Lembre-se: a vida extraordinária é você quem faz!

5. Pular etapas

Muitas pessoas, tanto na vida empresarial quanto na vida pessoal, não conseguem chegar ao sucesso porque vivem pulando etapas. Alguns querem cortar caminho sem adquirir conhecimento. Outros querem encurtar a distância sem adquirir experiência. Muitos não fazem o planejamento e saem executando sem qualquer noção do que deve ser feito.

Pular etapas dificulta a vida de qualquer um. É o mesmo que entrar numa partida de futebol sem ter participado dos treinos, sem saber a tática do técnico que estudou o outro time e sem o plano de ataque previamente combinado com os demais jogadores.

Muitas vezes, por arrogância, desprezamos conhecimento e experiência e não chegamos a lugar nenhum. Em outras, por pressa, queremos driblar o planejamento e partimos para a ação. Por isso, vemos tanta gente dando voltas em círculo, sem sair do mesmo padrão e sem avançar um milímetro.

Existe uma forma inorgânica de "pular etapas", e esta pode funcionar, mas, mesmo assim, você precisa ter alguns atributos de conhecimento e experiência para ajudá-lo a tomar a melhor decisão.

Adquirimos experiência de forma orgânica e inorgânica, ou seja, a forma orgânica é quando vivemos/experienciamos o que estudamos e essa vivência nos dá, de forma consciente ou inconsciente, a experiência naquilo. A experiência inorgânica é quando trazemos para o nosso objetivo pessoas que já vivenciaram, que têm um currículo extenso em determinada função ou atividade que queremos "acelerar"; isso normalmente custa mais caro, mas antecipa muito os resultados e nos ajuda a viver a experiência em conjunto com quem já tem uma boa trajetória. Você trabalha o seu conhecimento convivendo com experts em "determinados" assuntos.

Um exemplo simples é quando você contrata um vendedor. Se ele tem experiência, uma boa carteira de clientes etc., ele custará mais caro, porém, trará a você um resultado mais rápido! Outro bom exemplo, agora no âmbito pessoal, é quando queremos fazer uma transição de carreira e procuramos um *coach* ou mentor especializado que tenha experiência no que você está focado, ou seja, se você é um executivo de empresa e quer virar empresário, procure um *coach* ou um mentor que seja um grande empresário, ele terá autoridade e experiência para contribuir com você e não trará só teoria.

Posso dar meu testemunho a esse respeito, pois no final de 2018 fiz a transição de executivo de multinacional para empreendedor. Durante quase 60 dias fui visitar empreendedores de sucesso para aprender com eles, ouvi muito (no meu caso tive o privilégio de falar com vários mentores), estive em mais de 30 reuniões com empresários de São Paulo, Rio de Janeiro, Brasília, Minas, Florianópolis, Belém, Recife, Argentina e Estados Unidos, anotei bastante, e agora estou montando meu plano para seguir na execução. O mais interessante é que estou executando em paralelos vários planos (lembra do método?), fazendo treinamentos (pilar do conhecimento), palestras (pilar do trabalho e contribuição), estou escrevendo este livro (pilar do trabalho e contribuição), montando minha mentoria (pilar do trabalho), fazendo algumas consultorias (pilar do trabalho), ficando mais tempo com minha esposa e meus filhos (pilar da família), fiz meu *check-up* anual (pilar da saúde)...

O que mais recebi como dica foi que o FOCO é fundamental, além de disciplina e execução! Todos os empreendedores de sucesso me mostraram que o método que criei ao longo dos meus mais de 20 anos de experiência funciona e todos, simplesmente todos, falaram do propósito e que, independentemente do que eu faça, tem que valer a pena! Durante a elaboração deste meu grande novo planejamento, tenho *goals* acontecendo que geram alegrias e "pílulas de sucesso" e a certeza de que, mesmo que eu possa enfrentar alguma dificuldade, sou capaz e vou conseguir trilhar uma nova e bonita história!

Se por acaso, ao ler este parágrafo do livro, veio à sua mente que para mim é fácil, ou qualquer outro pensamento negativo, pare agora mesmo e assuma a responsabilidade pelos seus pensamentos. O seu cérebro está criando "desculpas" para confortá-lo! Volte e releia o Capítulo 5, "Poderoso e Energizado". Saiba que estou com medo do novo, mas tenho a certeza de que sou capaz e tenho um método que me ajudará a chegar lá!

Se no seu caso você pensou "Nossa, que legal!", e está torcendo pelo meu sucesso, parabéns. Eu posso afirmar com muita convicção que você já está à frente de boa parte da humanidade por ver o sucesso do outro como uma coisa boa que o inspira; isso o ajuda a ser poderoso e energizado, e reforça que o seu topo ou já chegou ou está logo ali!

Na verdade, mais uma coisinha: quando você chega no topo, enxerga mais montanhas e traça novos topos! Normalmente, quando você tem sucesso financeiro, almeja contribuir mais, ajudar o mundo... A vida é tão maravilhosa que sempre teremos um bom motivo para levantar da cama e seguir em frente.

Todas as etapas do processo são necessárias. É preciso conhecimento, experiência, planejamento e execução para chegar lá!

▪ Integridade: uma palavra-chave

De tudo que vivi dentro do mercado corporativo, aprendi muito observando o que as outras pessoas faziam de errado. Não digo um erro como julgamento de valor, digo erro como algo irresponsável que reverberou negativamente em um processo ou dentro de uma empresa.

A maioria das derrapadas profissionais dos vendedores e empresários estava sempre no mesmo componente: a verdade.

Desde cedo aprendi que ser íntegro era peça fundamental do jogo, de qualquer maneira. Ser íntegro era entregar aquilo que eu falava. Fosse trabalhando com a minha avó na marcenaria, fosse vendendo um camarote, ainda jovem, como promotor de eventos, fosse dando o meu melhor para a minha esposa quando me lembrava do que tinha prometido a ela diante do altar.

Quando somos comprometidos com a verdade, fazemos o que falamos e essa congruência nos acompanha de tal forma que construímos um caráter e uma credibilidade por onde transitamos.

Vejo carreiras que desmoronam com o tempo. Pessoas que se "queimam", grandes profissionais que perdem a mão. Observe que sempre que isso acontece, existe uma falta de congruência no discurso. A integridade deixou de ser a palavra-mãe e a vida passou a ser pautada por outros valores.

Para mim, que cresci como vendedor, em diversos momentos me deparei com vendedores prometendo coisas que seriam incapazes de cumprir. Aquilo para mim era como um tiro no pé. Eles até poderiam conquistar determinadas contas, efetuar a primeira venda, mas, no longo prazo, o profissional que não entrega o que promete está fadado ao fracasso.

Já dizia o ditado: "O combinado não sai caro". O mais importante em qualquer relacionamento interpessoal é estabelecer as regras de convivência logo de cara. É o famoso *alinhamento de expectativas*, tão falado nas equipes pelo mundo afora, em multinacionais cheias de egos inflados que mal cabem dentro da sala de reuniões.

Numa sociedade em que muitos profissionais não querem dar o braço a torcer quando estão equivocados, é raro existirem líderes que entrem numa discussão dispostos a ouvir o ponto de vista do outro.

Um empresário, certa vez, me chamou para ser sócio em um negócio e, enquanto conversávamos, fez a seguinte observação: "O que é importante quando entra uma pessoa nova?" Observei o que ele estava prestes a dizer e fiquei surpreso quando ouvi a resposta: "O mais importante quando há uma pessoa nova chegando é combinar as regras de convivência e discutir algumas ideias que já estão preconcebidas para que ambos possam acrescentar argumentos às suas próprias constatações".

Ou seja, para ele era imprescindível que as pessoas pudessem discutir os assuntos. Mesmo aqueles que pareciam ideias estabelecidas, para que as visões pudessem se encontrar e as experiências de troca se tornassem ricas.

Normalmente, as empresas agem em oposição a isso – quando chega uma pessoa nova em uma equipe e propõe um argumento, logo dizem: "Já tentamos isso, não dá certo".

Dessa forma, perde-se a valiosa oportunidade de troca de conhecimento e visão. Se você que está lendo já fez algo que não deu certo, prepare-se para daqui em diante modificar sua postura frente às ideias preestabelecidas e buscar ouvir mais.

Se eu tenho um conhecimento, uma visão, uma experiência, provavelmente quando eu conversar com alguém, ou essa pessoa vai mudar de ideia ou eu vou mudar de ideia. E não existe vencedor ou perdedor aí. A menos que o ego queira se colocar numa posição de superioridade por "ganhar" uma discussão acreditando que tem a razão.

O que importa ao discutirmos assuntos é ambas as partes ganharem. Se a pessoa me disser: "Entendi, realmente a ideia é ruim", ótimo, não vamos perder tempo.

Pode ser que você tenha um *insight* e perceba que é capaz de fazer algo de um jeito diferente.

A questão que eu quero apontar aqui é que integridade com o propósito do diálogo é sempre fundamental. Se você participa de um projeto e a discussão gira em torno de soluções para ele, pergunte a si mesmo: "É uma ideia legal? Eu vou entregar o que o produto promete? O cliente vai ser beneficiado?".

E isso deve ser feito sem superficialidade, porque o ser humano não é íntegro quando quer satisfazer seus próprios interesses e seu prazer imediato. Ele é capaz, por exemplo, de querer terminar uma reunião logo só para ver o futebol em casa, e dessa forma não se empenha na discussão sobre o projeto. Ou quer convencer alguém de algo para fechar um contrato e depois acaba sem entregar o que promete. Ou facilmente retoma um antigo hábito e vai tomar um chopp em vez de seguir na dieta.

Em todas as instâncias e em todos os lugares, temos a oportunidade de sermos íntegros. Podemos escolher o compromisso com a verdade ou buscar o prazer imediato.

Prazer imediato no trabalho, por exemplo, é realizar as suas tarefas na média. Quando você se empenha mais ou menos, com o famoso "fazer nas coxas" em tudo que entrega.

Muitas pessoas vivem de prazer imediato. E o prazer imediato é a praga que determina uma vida sem sentido. Imagine um filme com milhares de fotogramas ou frames. Se cada um deles não tem seu significado ou sentido, no final, o filme fica desconexo. Parece que faltam pedaços.

Assim é com nossa vida; e quando vivemos comprometidos com a integridade, realizamos o que estivermos dispostos a fazer da melhor maneira possível, de acordo com nossos conhecimentos e crenças individuais.

Ser íntegro é ser inteiro, e quando somos inteiros, nos entregamos a tudo aquilo que fazemos. Seja no ambiente de trabalho, seja em um projeto, seja na criação dos filhos ou no relacionamento. Integridade é estar disponível para abraçar as possibilidades.

Hoje, quando presto consultorias corporativas, os empresários costumam dizer que parece que faço parte da empresa. E isso é apenas um reflexo de que estou por inteiro naquele momento.

Viver a vida com integridade é agregar valor às experiências, é querer que todos prosperem, observando como ser a peça que falta na engrenagem em todos os momentos. E não se engane: para estar inteiro não basta estar presente apenas com a cabeça. Precisamos estar presentes também com a alma e o coração.

Talvez o que revele profissionais extraordinários nos próximos anos seja a capacidade de estar inteiro nos projetos e vivenciá-los totalmente, trazendo vida a eles. **As máquinas podem até substituir processos, mas elas não podem substituir pessoas.** Elas só podem substituir as atividades mecânicas dos seres humanos, porque não há inteligência artificial capaz de reproduzir a sabedoria gerada através de uma intuição, de um *insight* que vem a partir de uma vivência e de trocas, uma percepção que existe além do nível intelectual, tão limitado nos seres humanos.

Quando estamos presentes, íntegros, estamos colocando nosso corpo para realizar determinadas atividades. Essa foi a grande construção que vivi como ser humano nos últimos anos. Aquele líder que era apenas preparado para gerar resultados, hoje consegue enxergar as dinâmicas em sua totalidade, integralmente.

Fazer de verdade é estar presente nos momentos. E isso não pode ser substituído por máquinas ou por outra pessoa, porque você só se torna único quando coloca a sua marca no mundo através de sua energia, sua história e seus filtros.

Com frequência percebo o crescimento da minha filha Júlia, que desde os 7 anos é atriz, cantora e tem milhares de seguidores nas redes sociais. Seguidores que acompanham seus passos. Ela, hoje com 17 anos, tem um talento ímpar, uma voz espetacular, um dom genuíno. E o que a diferencia das demais garotas de sua idade? A Júlia não tenta imitar artistas de sucesso, replicando um comportamento para criar sua marca. Ela cria a sua própria marca e vai na contramão de milhares de garotas que seguem persistindo em seguir referências comerciais apenas com a intenção de lucrar com gravadoras e contratos.

Os artistas, em geral, nos inspiram por sua capacidade de serem íntegros. Quando estão em um papel, eles o vivenciam visceralmente. Eles se entregam à composição do personagem, de corpo e alma, trazendo o que têm de melhor para a arte.

E o que nós podemos extrair disso? Poderíamos ser artistas dentro de todos os contextos em que estivermos inseridos. Somos artistas quando nos dedicamos com o coração, quando usamos a sabedoria da alma, quando vivemos a vida sem reservas, íntegros, independentemente dos resultados financeiros que as ações irão gerar.

Devemos pautar a vida não apenas pelos resultados trazidos por nossas ações, mas sendo fiéis ao farol interno que nos guia em direções que muitas vezes não sabemos para onde irão nos levar. Sabemos as metas, entendemos o contexto, mas podemos recalcular a rota se o coração pulsar numa direção que difere da lógica. A lógica existe porque seguimos caminhos que já foram trilhados. Mas, e se seguirmos por caminhos nunca antes trilhados?

Ser íntegro inclui observar a vida na totalidade. Inclui olhar para o impacto que suas ações terão na natureza – as ações pessoais e as da sua empresa. Inclui perceber como cada atitude vai reverberar na vida das pessoas à sua volta. Isso tem a ver com se responsabilizar por cada ação.

Certa vez, um amigo perguntou:

– Pedro, você é contra, por exemplo, a digitalização de processos que certamente vai reduzir o número de pessoas?

E eu respondi com certeza:

– Não, novos empregos vão ser criados. A gente vive uma evolução e essa evolução não para, ela não tem como parar!

Mas as pessoas devem entender que esse é o novo mundo, o mundo onde a gente vai viver daqui para a frente, mas sem esquecer a essência do ser humano, porque **a essência do ser humano é se relacionar fisicamente e espiritualmente, e não digitalmente.**

Precisamos entender que viver uma vida extraordinária no novo mundo está relacionado com usar todas as nossas capacidades: intelectuais, espirituais, emocionais e físicas. Para sermos inteiros, precisamos estar conectados com esse novo ser humano que podemos nos tornar e que é ilimitado.

Alguns filmes trouxeram essa nova realidade de uma maneira lúdica para podermos observar o todo que é tão complexo. No longa-metragem *Lucy*, por exemplo, que apesar de ser classificado como um filme de ação e ficção, na verdade é puramente sobre física quântica, filosofia e reflexão, parte-se do princípio que o ser humano usa apenas 10% de sua capacidade.

Para se ter uma ideia do quanto o ser humano é "novo" no planeta, um documentário feito pelo astrofísico Neil de Grasse Tyson compacta a vida da Terra em 1 ano. E Jesus aparece apenas no último minuto de 31 de dezembro. Ou seja: todas as formas de vida existentes antes do ser humano são infinitamente mais antigas que nós, que nos julgamos os habitantes mais inteligentes e capazes do planeta.

Intelectualmente, talvez o ser humano seja desenvolvido, mas os cientistas já provaram que sabemos muito pouco das partículas estudadas e conhecemos apenas 1% dos mares e 30% das formas de vida terrestres.

Portanto, existe muita arrogância no ser humano quando ele julga saber tudo e despreza novas informações sobre o que existe e não parece real. Eu mesmo, pouco antes de começar a escrever este livro, participei de um curso, convidado por minha esposa, que era relacionado à cura prânica. Cético, enfrentei os dias teoricamente, mas não conseguia racionalizar os fenômenos que aconteceram em paralelo no meu corpo físico. Não conseguia entender as sensações causadas por tudo aquilo que estávamos vivenciando.

Tive dores fortíssimas nos braços e, intimidado pelo medo, tomei analgésicos, acreditando que eram dores musculares, quando, na verdade, meu corpo estava experimentando um novo recurso de doação de energia estagnada. Por isso os braços pareciam tão doloridos.

Você deve estar se perguntando por que estou contando isso no meio de um livro que se propõe a trazer o vislumbre de uma vida extraordinária aos seus dias, e eu vou continuar minha explanação.

Existe uma série chamada *Throught the Wormhole*[7] que faz o seguinte questionamento: "Vamos virar Deus?"

A resposta é que somos Deus quando percebemos a nossa capacidade infinita. É disso que o filme *Lucy* fala. É ampliando sua capacidade

---

[7] *Throught the Wormhole* (Através do Buraco de Minhoca) é uma série televisiva da Discovery Science, narrada por Morgan Freeman.

que ela consegue entrar na mente de outras pessoas para recolher informações. E agora, se estamos falando de totalidade, de viver uma vida poderosa e energizada, com consciência e autorresponsabilidade, eu diria que se estudarmos a experiência da dupla fenda, que explica que o observador pode alterar a realidade apenas com seu olhar, você pode entender que é capaz de mudar sua realidade e seu destino.

Eu sei que muitas pessoas não gostam de cogitar tal possibilidade, já que isso nos coloca numa postura de protagonistas da nossa própria vida. E temos, de fato, o mundo em nossas mãos. Podemos seguir em direção aos nossos sonhos, sendo íntegros com isso ou ignorarmos nossa capacidade de criar nosso destino, delegando para uma divindade qualquer a responsabilidade pela nossa vida.

Não quero misturar espiritualidade com ciência neste momento, mas é inevitável a necessidade de compreender certos conceitos para que possamos parar de especular sobre determinados fenômenos. O entrelaçamento quântico, hoje, nos ensina que se damos um estímulo a um objeto que está ligado a outro, independentemente de sua distância, podemos curar uma pessoa à distância sem sequer tocá-la.

O que acontece com a personagem Lucy, ao longo do filme, é que ela passa a viver como uma categoria de "super-humana", e no final das contas o que ela mostra é apenas como nos comportaríamos caso utilizássemos a total capacidade que temos enquanto seres humanos. Temos capacidades sensoriais que não valorizamos porque racionalmente queremos explicações científicas para tudo. Hoje, mesmo diante de tais explicações, ainda somos resistentes às sensações e aos desconfortos causados por aquilo que não conseguimos entender.

Existe uma energia onisciente que está presente em todos os lugares e foi apresentada como campo de Deus. É como dizer que Deus está dentro de cada um de nós, porque, efetivamente, está.

Se o campo é Deus, cada um de nós é Deus. Temos um corpo biológico e primitivo como o dos animais e temos certa consciência. Portanto, conforme vamos vivenciando experiências, experimentando com o corpo, trazemos novas dimensões de conhecimento que são compartilhadas e servem para que aqueles que vierem depois possam fazer bom uso delas.

Precisamos estar dispostos a viver com integridade. Isso significa uma predisposição para passar pelas experiências integralmente. Quando temos filhos, somos chamados para o presente de uma maneira única. Se não estamos conscientes, a rotina moldada pelo senso comum sequestra o nosso dia a dia.

É comum ver crianças e jovens que não saem do videogame, usando os jogos eletrônicos como se fossem uma droga, anestesiando a realidade, porque não percebem sentido na própria vida.

Como pais e educadores, precisamos despertar quem está ao nosso redor para encontrar seu sentido diante da vida. Se a gente não tiver cuidado com os filhos nesse aspecto, sejam crianças ou adolescentes, eles crescerão acreditando que os jogos online são um mundo à parte, e quando forem para a vida real, que é uma vida onde eles precisam se relacionar, não serão capazes de atingir um objetivo ou de sequer manter um emprego. E não será possível "reiniciar o jogo".

Se for preciso entregar todas as etapas desse jogo, não há como reviver. Só que na vida real, a gente consegue se recuperar, consegue ser perdoado, se redimir de um erro, o que é muito melhor do que um jogo; por isso eu falo que o ser humano não pode perder a sua essência de se relacionar fisicamente e espiritualmente, e não só digitalmente; isso, para mim, é o grande desafio do futuro: "Como as pessoas vão se conectar?"

Qual valor você está passando ao seu filho? Se não estivermos integralmente dispostos a fazer o melhor que pudermos, o mundo irá para uma realidade muito fria no que diz respeito às interações.

Precisamos resgatar valores que preencham nossos corações. Os meus valores, hoje, são a família, o respeito ao próximo, o desejo de que as pessoas prosperem. Quando eu vejo alguém em dificuldade, quero que essa pessoa saia da dificuldade.

Viver uma vida extraordinária no novo mundo é ampliar a consciência do Todo. É usar a nossa capacidade infinita em vez de se moldar ao que está presente no dia a dia. O que acontece nessa vida? As pessoas valorizam estar com a família, ir para uma fazenda, não estar no celular, não se conectar, valorizam o que realmente faz sentido.

Não podemos ignorar a evolução. Vivemos a evolução industrial e estamos vivendo a evolução da internet, a evolução digital. E no futuro vamos falar de uma nova evolução, pois tudo foi brutalmente acelerado pela pandemia do COVID-19.

As pessoas precisam se adaptar. O que as pessoas não podem é negar, não aceitar.

Você precisa urgentemente fazer a lista daquilo que quer para si mesmo do novo mundo e do velho mundo. O que você quer para sua filosofia de vida e o que não aceita?

Que redes sociais você aceita e como as usa? Você tem controle sobre o uso ou as redes o controlam? Quantas horas por dia fica conectado? De que forma tais redes impactam na sua vida?

Para quem trabalha com isso, precisa perceber se trabalha ou se é escravizado pela tecnologia. Se você estiver em casa e passar o tempo todo usando essas ferramentas, talvez também esteja substituindo o que valoriza de verdade pelo prazer imediato.

Muitos acreditam que as redes trazem uma sensação de importância, mas é só virtual. Não é algo verdadeiro. Percebemos hoje pessoas tão conectadas com a importância das curtidas e dos números virtuais que mantêm uma vida vazia de significado. Vidas que não estão sendo vividas, porque estão sendo encenadas para criar uma realidade e alimentar uma rede. Vidas escravas das curtidas.

Então, como nunca, percebemos uma onda de pessoas vivendo uma vida com ausência de sentido. Jovens e adultos desconectados do que tem valor. Quanto mais distantes estivermos da nossa vida com valores, menos sentido teremos para viver.

Hoje o meu foco em levar uma vida extraordinária para a minha família é o que me move, porque percorro o percurso de viver a jornada, e não apenas o destino final. Preciso engajá-los no que me motiva, criar circunstâncias para que eles encontrem o melhor neles mesmos e entender como posso contribuir para que a minha existência e a deles seja plena de sentido.

É importante que isso sempre seja uma troca, porque muitas vezes nos colocamos numa situação de responsáveis pela felicidade do outro, enquanto cada um é responsável pela própria nutrição espiritual.

Quando os valores são traduzidos nas relações sociais entre os indivíduos, nas nossas condutas, falamos de integridade.

Não adianta fazer discurso bonito sobre ética e valores dentro de uma empresa se você não é capaz de sustentar essa conduta no seu dia a dia. Precisamos urgentemente falar sobre os valores que permeiam a nossa vida coletiva e sobre os valores que norteiam as relações interpessoais.

Os valores que entendo como importantes dentro da minha casa são os que mantenho dentro da minha rede de amigos e colaboradores. Não posso deixar de lado a integridade, a igualdade, o respeito, a responsabilidade, a justiça.

A credibilidade dentro de qualquer relação vem quando sentimos os valores presentes nos relacionamentos com os outros. Seja porque os colocamos em prática, seja porque as pessoas também os colocaram.

Não adianta um discurso para publicar um livro, fazer uma palestra, dizer dentro da empresa e não utilizar esse discurso na própria vida.

É quando os valores são traduzidos nas relações e na conduta do dia a dia que falamos de integridade. Dessa forma, reforçamos a importância dos valores e agimos com congruência.

Crises acontecem quando temos um choque nos valores e paramos de acreditar nos sistemas que não correspondem às expectativas que tínhamos em relação aos nossos valores. Para confiar nas pessoas, nos processos, nas empresas, precisamos entender que quando reduzimos a integridade, afasta-se a confiança. Paramos de acreditar uns nos outros.

Temos hoje na política uma crise de integridade e uma desconfiança da população que não quer mais alimentar expectativas sobre a ação daqueles em quem deveríamos confiar para nos representar.

Se perdemos a integridade nas relações, acabamos movidos por interesses próprios e vivemos tensos, sem conseguir confiar nas pessoas e instituições.

A consciência coletiva nos impulsiona na direção destas questões relacionadas à cidadania. É uma ética que transcende o discurso. É uma ética no dia a dia, na conduta com as coisas, desde as mais simples às mais complexas.

Ser íntegro é ser leal, verdadeiro, fiel, sincero, solidário, transparente, honesto. Sendo íntegros, nos tornamos pessoas constantes e firmes, mesmo numa sociedade na qual os valores estão invertidos.

Integridade é um valor que precisa ser reavivado no nosso dia a dia. Precisamos entender que a integridade define o nosso caráter e está relacionada com o conjunto de valores e o modo de ser de uma pessoa no contexto de suas vivências e experiências interpessoais.

É irresponsabilidade sair por aí fazendo o que bem queremos para satisfazer prazeres imediatos e depois culparmos a vida pelo rumo que tomamos.

Quando falamos de integridade, também nos lembramos da própria dinâmica da vida. É aí que existem quatro áreas que devemos estar atentos: **os nossos sentimentos, os nossos relacionamentos, as nossas atitudes e os nossos valores.**

Os sentimentos sustentam as relações e as justificam trazendo segurança emocional; **os relacionamentos** fortalecem pelas atitudes e promovem o nosso crescimento e o das pessoas que nos cercam; **as atitudes** projetam a nossa vida para o dia a dia; e **os valores** formam o alicerce da vida diante das demandas do mundo.

Vejo, a cada dia, mais pessoas desanimadas com a frieza dos relacionamentos, com a intolerância, com a falsidade. Pessoas cansadas de corrupção, de reclamações, de arrogância.

Dizemos que gostamos de transparência, autenticidade, pureza, mas, em muitos casos, a integridade afasta algumas pessoas. Isso é comum quando somos íntegros, somos honestos com nós mesmos e paramos de fazer tudo para simplesmente agradar ao outro. Não buscamos aceitação. Buscamos a nossa realização e o melhor para todos os envolvidos, mas sem anular nossos interesses pessoais.

Quando começamos a trilhar o caminho inverso do que a sociedade diz que é bom para nós, geralmente ouvimos que estamos "confusos" ou "pirando".

Nós nos tornamos mais simples, com menos exigências para viver a vida com felicidade. Se somos pautados pela integridade, estamos em busca da plenitude e inteireza. Integridade, por definição, é a qualidade de estar inteiro.

Em um mundo no qual alguns têm preço e outros têm valores, vamos aprendendo a circular entre as pessoas. Vamos pautando a nossa vida com nossos valores, abandonando as crenças limitantes e as emoções reprimidas, e começando a alimentar uma sensação de que estamos no caminho certo.

Muitos de nós condicionamos o amor – que damos e recebemos – a determinadas exigências e interesses.

Nossa força está na coragem de ser quem somos. De sermos íntegros conosco e com os outros, sem nos ferirmos, sem nos iludirmos. Integridade liberta e faz com que tenhamos uma vida com sentido.

▪ Tenha uma vida com sentido

A busca por sentido é a motivação primária da vida do ser humano. Uma pesquisa de opinião pública na França provou que 89% das pessoas admitiram que o indivíduo precisa de algo em função do qual viver. E 61% assumiram que haveria algo ou alguém por quem estariam dispostos a morrer.

Cientistas sociais da Universidade de John Hopkins reuniram dados de estudantes de 48 universidades e tiveram resultados fantásticos: os participantes foram questionados sobre "o que consideravam muito importante naquele momento". Enquanto 16% disseram que era ganhar muito dinheiro, 78% afirmaram que o principal objetivo era encontrar um sentido para a vida deles.

O filósofo Nietzsche dizia que "quem tem por que viver suporta quase qualquer como". E nestas palavras reside a mais pura verdade. Nada no mundo pode contribuir tanto para a sobrevivência do que saber que a vida da gente tem um sentido.

Para o professor de Neurologia e Psiquiatria Viktor E. Frankl, fundador da logoterapia, o que o ser humano realmente precisa não é um estado livre de tensões, mas antes a busca e a luta por um objetivo que valha a pena.

Hoje vemos um surto mundial de pessoas queixando-se de "vazio existencial". Isso pode ser compreensível se pararmos para pensar que o ser humano cada vez menos sabe sequer o que deseja fazer. Cada indivíduo costuma fazer o que os outros fazem ou o que querem que ele faça.

Por isso, muitos empresários, profissionais, pais e mães não conseguem sequer curtir um dia sem fazer nada. Mesmo sem ocupações, buscam incessantemente tarefas a cumprir para não lidarem com o vazio existencial batendo à porta. Não são poucos os casos de suicídio atribuídos a tal vazio.

Cada situação da vida constitui um desafio e nos apresenta um problema a ser resolvido. Antes de nos perguntarmos qual o sentido da vida, deveríamos reconhecer que ela está sendo indagada e apenas cada indivíduo pode responder por sua própria vida, sendo responsável por ela.

Assim, na responsabilidade pela própria vida encontra-se a essência da nossa existência. Quando ampliamos nossa consciência e responsabilidade perante a vida, aumentamos o sentido da nossa existência e conseguimos criar espaço para as realizações.

Ao longo da nossa existência, o sentido da vida pode até se modificar, mas jamais deixará de existir. Podemos descobri-lo criando algo, praticando um ato, experimentando ou até mesmo pela atitude que tomamos em relação ao sofrimento inevitável.

Hoje vejo que criar sentido em cada uma das áreas de minha vida é primordial para ter a vida extraordinária que tanto busco. A vida extraordinária que não está no final, mas sim na jornada. Na jornada que aprendi a curtir quando percebi a brevidade da vida diante da doença que acometeu minha esposa há alguns anos. Na jornada que entendi que era mais preciosa que o destino final quando me vi proporcionando materialmente tudo que meus filhos e minha esposa precisavam, mas não estava lhes dedicando meu tempo, que era o que havia de mais precioso em minha vida.

Criar uma vida extraordinária é dedicar-se a ser a melhor versão de si mesmo, estando no controle do próprio destino, guiando sua própria vida, tendo uma atitude diante do destino que se apresenta, com uma predisposição para construir o que queremos.

Se temos um sentido na vida, estamos dispostos a tudo, até a sofrer. Desde que o sofrimento tenha um sentido. Mesmo que não seja necessário, o sentido é possível mesmo que o sofrimento seja inevitável.

Não podemos nos acovardar diante da vida. Sofrer sem necessidade é masoquismo, e não ato heroico. Eu, que sempre fui um menino curioso e questionador diante da vida, não poderia de maneira alguma me deixar guiar por respostas prontas que não nutriam a minha curiosidade. Ver qualquer sentido no sofrimento puro e simples era uma perda de tempo.

Quando criei os 30 minutos de luto, uma filosofia que fazia com que eu me esmerasse em não "sofrer" em demasia, a intenção era que estivesse sempre desperto para ir a fundo no sentimento, sem fugir dele, e depois descartá-lo.

Só que a vida nos ensina. Às vezes, através dos filhos, que são grandes professores por terem a alma pura e livre de preconceitos. Certa vez, quando vi minha filha Júlia chorando e triste durante uma semana inteira, dentro do quarto, frustrada porque não tinha conseguido um papel pelo qual tinha lutado tanto em um filme, entendi que nem sempre os 30 minutos são suficientes para enterrar nossos fantasmas.

Se o fantasma não for exorcizado devidamente, mais cedo ou mais tarde ele ressurgirá em nossa vida. Aquela dor não curada, aquele ferimento não cicatrizado. A frustração engolida, feito sapo.

É preciso até mesmo encontrar um sentido para que nenhum sofrimento seja em vão. Dostoievsky afirmava: "Temo somente uma coisa: não ser digno do meu tormento".

Quando existe um sentido em nossa vida, até mesmo o sofrimento tem seu valor. Saber vivenciar as dores pode ser uma grande conquista.

Em todos os momentos precisamos decidir acerca de nossa existência. Quando enfrentamos os problemas da vida, podemos descartar aquilo que não queremos em nossa existência e viver a vida em plenitude.

Sabe-se que uma das principais características da existência humana está na capacidade de se elevar e crescer constantemente; na capacidade de mudar o mundo para melhor e de mudar a si mesmo, se necessário.

O mundo está numa situação ruim, mas a tendência é piorar ainda mais se cada um de nós não se esmerar em fazer o melhor que pode. Por isso, este livro é um convite: se sabemos do que o ser humano é capaz, tanto para o bem quanto para o mal, vamos usar nossa inclinação para criar uma vida extraordinária em nosso entorno.

Com uma vida com sentido, podemos impactar positivamente os nossos. Com uma vida com sentido, podemos reverberar uma onda contagiante positiva que modifica os que estão ao nosso redor.

É vital encontrarmos um sentido para viver, e também despertar um sentido na vida de outras pessoas que queremos impactar. É de suprema importância que cuidemos de nosso ambiente interior se queremos influenciar nossos filhos e dizer a eles a direção para onde podem ir.

Se queremos transformar o mundo, devemos transformar primeiramente a nós mesmos. Não de maneira egoísta, mas cuidando de cada parte que negligenciamos ao longo da vida. Olhando para as dores não curadas, entendendo que tiveram sua necessidade e mudando a atitude diante da nossa própria história.

Porque somos nós que escrevemos na linha do tempo da nossa vida. Nós que criamos, dirigimos e roteirizamos nossa história. Podemos carregar no drama para chamar a atenção do espectador, mas dessa forma não contribuímos para a evolução. Nem da nossa vida nem da do nosso próximo.

Sejamos íntegros com nossos sonhos. Se for para controlar, que saibamos controlar nossas emoções, se for para dominar, que saibamos dominar nossos instintos mais primitivos. Se for para criar, que criemos possibilidades para nossa vida, multiplicando o que houver de positivo na vida de quem está disposto a caminhar ao nosso lado.

E se eu puder dar um último conselho, aí vai: não negligencie, em nenhum momento, a sua família. Ela é sua base. Sua fonte de fé, seu porto seguro onde você pode ser aceito mesmo com todas as fraquezas. São pessoas que mostrarão a você dia após dia que é possível conviver com defeitos quando existe amor genuíno.

Você pode ter saúde, trabalho, mas se não houver amor, o sentimento mais nobre que pode existir na vida do homem, nenhuma vida extraordinária terá sentido. O amor é a energia mais poderosa da vida e quando o experimentamos, vibramos na mais alta frequência, reestabelecendo até mesmo a saúde e o bem-estar.

Este livro foi escrito com o propósito de que você, leitor, esteja sempre melhor. O objetivo é que você se torne consciente das escolhas que tem feito e seja estimulado a tomar uma nova estrada que o levará ao destino de uma vida com sentido.

Você tem o bem mais precioso – que é o tempo –, para que o desfrute e escreva a sua história de vida. Enquanto você estiver tenso e preocupado, estará distante do sentido real de sua vida.

A posição de vítima que muitas vezes assumimos diante dos problemas é uma das piores tragédias que podem acontecer conosco, porque nos faz sentir que somos injustiçados, enquanto, na verdade, somos os únicos responsáveis pelos resultados em nossa vida.

Que possamos converter dor em aprendizado, estimulando os nossos potenciais de crescimento perante a vida.

Procure fazer as pequenas coisas de maneira extraordinária. Muitas vezes esperamos que coisas grandes aconteçam em nossa vida para que possamos nos comportar como vitoriosos, e não vemos a grandiosidade nas pequenas coisas.

Use seus desafios como trampolins para ter acesso a tudo que é seu de direito. Decida andar. Tenha uma postura saudável e harmônica, ame a si mesmo, esteja disposto a provocar milagres no seu dia a dia.

As crises virão. Elas poderão fazer com que você pense em desistir, mas jamais se esqueça que a sua luz pode ser capaz de espantar as trevas e mostrar os caminhos por onde percorrer.

Minha trajetória, que começou como uma aventura que me fazia resolver problemas para conquistar pessoas e ganhar dinheiro, tornou-se berço de reflexão ao longo da escrita deste livro.

Foi observando a minha trajetória que percebi que poderia não apenas compartilhar sucessos e fracassos, como mostrar que uma vida extraordinária também traz desafios em todas as instâncias. Você terá desafios na vida financeira, na vida familiar, desafios de saúde, desafios com os filhos. Mas o maior desafio que devemos enfrentar com coragem é o desafio de olhar para dentro de nós mesmos.

Conhecer a si mesmo e respeitar sua trajetória, honrando erros e aprendizados, é uma maneira de fazer um balanço da vida e criar novas possibilidades para a vida de quem não trilhou tantos caminhos com tanta intensidade.

Hoje sei que a cada dia minha vida pode ter um sentido maior. Que a vida extraordinária deve sofrer manutenção constante para que a gente não se perca pelo caminho, tropeçando no próprio ego ou na impaciência de chegar depressa no destino.

Leve sempre consigo as suas armas. Mantenha-se poderoso e energizado. Dessa forma, mesmo que o problema pareça intransponível, dependerá apenas de você encontrar forças para suportar as tempestades da vida.

E, acredite, quando o Sol voltar a brilhar, a colheita será farta e você não se arrependerá nem por um minuto de ter trilhado um caminho com integridade, verdade e coragem. Porque seus filhos estarão logo atrás de você, observando as suas atitudes e seu futuro refletirá o resultado do que plantou em resposta a todas as suas ações.

Não delegue sua felicidade nem seja prisioneiro de sua história.

Tome as rédeas da situação e seja o CEO da sua vida.

PRÓLOGO

▪ O coelho da cartola

Não sou mágico, tampouco faço milagres, mas conforme a vida foi me dando oportunidades, percebi que eu tinha um gene de artista. Tenho uma filha artista. Observo cada ato e gesto dela, e me encanto. Eu jamais achei que tinha tal dom ou talento. Até que entendi que todos temos. Nossa mágica pessoal. Nosso poder guardado que se mostra quando precisamos tanto dele que ele se cansa de ficar ali parado, escondido, represado.

Eu tinha vivido uma intensa jornada corporativa. Eu me orgulhei dela. Pude aprender, ensinar, compreender o mundo e compartilhar conhecimento com pessoas com as quais convivi, e outras que tive a chance de liderar e mentorear.

Só que chegou um ponto da minha vida, quando houve uma ruptura dentro e fora de mim, que precisei crescer sozinho.

Quando deixei a vice-presidência de uma grande empresa bilionária, pensei em tirar um ano sabático. Seria um alívio para a minha família. Estar mais perto, depois de tanta dedicação ao trabalho. Seria como um reencontro, apesar da minha presença constante, porque estaria exclusivamente dedicado a eles.

Eu conversava com empresários para tomar essa decisão, embora soubesse que não seria a opinião deles que traria o meu parecer final. Eu sabia que queria mandar na minha agenda, já que não tinha tido o controle total dela enquanto exercia o meu cargo em uma multinacional.

Eu estava em um evento de um querido amigo, Getúlio Cavalcante, dando uma palestra, quando fui invadido por uma ideia. Não era minha, mas era de alguém em quem eu confiava muito. Ele estava tão convicto de que era um grande negócio que eu comprei a ideia. É isso que acontece quando estamos apaixonados por um sonho – quando falamos dele, as palavras caçam as pessoas ao nosso redor e as transportam para dentro de um outro universo mágico.

Ele falava de um plano de saúde para cães e gatos, no qual tinha acabado de investir: a PLAMEV PET, empresa fundada pelo nosso também amigo Raphael Clímaco, em 2013, em Aracaju.

Eu tenho um cão de estimação, o Dom. Sabia da importância daquele serzinho na vida da nossa família e o quanto ele tinha transformado nossa rotina. Era ele o epicentro das atenções da casa em muitas ocasiões. Dava e recebia amor na mesma medida e nos fazia crer que podíamos nos doar desmedidamente a um animal de estimação.

A história do plano de saúde parecia fazer sentido. Eu pensava no Dom como se pensa num filho e a possibilidade de ele adoecer nem passava pela nossa cabeça.

Até que a conversa sobre o plano de saúde virou uma história maior. Eles me convidaram para me engajar no projeto. Eu recuei, pensei no ano sabático, no intenso envolvimento que exigia começar algo novo, no meu perfil de trabalho que nunca conseguia fazer algo "mais ou menos". E fiquei de conversar com a minha família.

Era uma decisão e tanto, e precisava do apoio deles.

Todos me deram cartão verde para seguir em frente, mas eu fiquei com um pé atrás. Não queria entrar de cabeça numa nova empreitada sem me sentir seguro com a decisão. Logo, combinei uma consultoria. Já dava consultoria para outras empresas, porque tinha a terrível mania de não conseguir ficar parado sem desenvolver e compartilhar meus talentos, e assim iniciamos uma parceria.

Nesse período, eu trabalhava de casa e tinha a gestão da minha agenda. E começava a pesquisar o mercado pet. Não imaginava que era um mercado que tinha faturado mais de R$ 40 bilhões no Brasil, com projeções de crescimento inimagináveis ao ano se comparado a outros mercados. Muito menos que era o terceiro maior mercado do mundo, ficando atrás dos EUA e da China. Em termos de consumo mundial, era uma oportunidade gigante. Em termos de mercado, a PLAMEV PET oferecia um plano de saúde para cães e gatos, e ninguém tinha ouvido falar disso até então. Um mercado praticamente inexplorado, um oceano azul!

Olhando esse cenário todo e a possibilidade de fazer algo diferente, mantendo a administração e a gestão do meu tempo, acertei com meus amigos e virei CEO e *co-founder* da empresa.

Tudo aconteceu tão rápido que, quando percebi, já estava apaixonado pela empresa e pela possibilidade de proporcionar qualidade de vida aos animais de estimação. Entrei de sócio, e a sede na época ficava em Aracaju, junto do maior hospital veterinário de lá, que pertence ao nosso sócio, Clímaco. Eles sabiam da dor dos tutores de pet que não tinham condições de arcar com o pagamento de procedimentos quando seus animais eram acometidos por problemas sérios de saúde, e acabavam vendo na eutanásia a única solução.

Doía na alma saber que uma pessoa era obrigada a sacrificar o seu melhor amigo porque não tinha dinheiro nem opções para custear um tratamento que fizesse com que ele tivesse qualidade de vida em seus últimos anos. Oitenta por cento dos animais de estimação morrem por falta de prevenção. E com um plano de saúde, esse *mindset* acaba mudando. Antes do plano de saúde, quando o pet apresentava alguma alteração, em média a pessoa demorava cerca de oito dias para levá-lo ao veterinário. Com o plano de saúde, esse tempo foi reduzido para 1 hora. O tutor não pensa duas vezes!

E fazer parte de uma mudança cultural como esta é viver uma vida com propósito, porque muda outras vidas.

Poder proporcionar a um tutor a possibilidade de mais vida com o seu pet é uma vitória.

Seria a primeira vez que eu trabalharia numa empresa minha de verdade; antes, eu tinha cabeça de dono, mas não era efetivamente! Mas agora estava envolvido até o último fio de cabelo por um único motivo: propósito. Via a interação de meus filhos com nosso Dom e não conseguia suportar a ideia de que eles pudessem vê-lo sofrer; um amigo que dorme em nossa cama, que vive conosco e alegra nossos dias doando amor desmedidamente, sem julgar, sempre ao nosso lado.

O mercado cresceu de forma avassaladora, e eu assumi a posição com coragem, enfrentando aquele desafio para dar o meu melhor. Tive que estudar cada membro da empresa para recolocar os profissionais, ajustar o quadro da empresa e depois alterar e criar os processos – fizemos um sistema completo do zero. Os investidores são muito presentes e trouxeram históricos de muitas outras empresas de sucesso em tecnologia que fizeram toda diferença na velocidade com que implementamos as coisas e, além disso, tínhamos um especialista em saúde animal para garantir o sucesso da construção dos processos ideais para nosso sistema. Enxergávamos grandes possibilidade de negócio.

Para formar o nosso time, que não parava de crescer, vimos a necessidade de termos especialistas apaixonados por pets. Não bastava ser muito bom, para trabalhar na PLAMEV tinha que ser louco por pet! E começamos a valorizar os colaboradores criando ferramentas para estimulá-los e atraí-los.

No marketing digital, trabalha-se os pilares de frequência. Quanto mais você se dedica, maior é sua audiência e seu engajamento, por conta da intensidade. E eu entendo que é isso que precisamos fazer todos os dias. Precisamos nos doar, do contrário, as pessoas se distanciam. Isso acontece no corporativo, no virtual, na família. Ao observar os grandes influenciadores fazendo esta batida, é preciso implementar processos para que todos entendam o passo a passo. E esses processos são construídos a dez mãos.

Warren Buffett diz que se não soubermos ler as placas, não saberemos para onde estamos indo. Se isso é verdade, precisamos ter indicadores que garantam que estamos indo para o caminho certo.

Quando as pessoas e os processos já estavam ajustados, comecei a pensar na tecnologia. Precisava garantir que tudo funcionasse. Se iríamos escalar esta empresa em que milhões de pessoas e pets vivenciariam a experiência, era preciso que tudo estivesse funcionando no digital.

Fizemos uma virada para o mundo digital. Digitalizamos e construímos uma plataforma inteligente e integrada com pequenos e médios empresários e clientes, isso tudo na palma da mão e no teclado de um computador. Essa transformação foi feita em 2019; colocamos no sistema e fizemos um início de operação, uma coisa que se chama MVP[8].

Precisávamos de um grande teste em Aracaju para entender os problemas e as oportunidades de melhoria para depois abrir para o Brasil inteiro. Tínhamos que ver se tudo que planejamos aconteceria na prática! E o que fizemos? *Outdoors, busdoors,* campanhas em rádios, shoppings, contratamos promotores. Fizemos um grande lançamento como se a PLAMEV PET estivesse nascendo novamente em Aracaju. Mas nosso plano era expandir para o Brasil inteiro.

Fizemos uma bela estratégia de marketing digital e fomos para uma estratégia de crescimento. Tudo deu certo.

Mantivemos a intensidade por três meses, até tomarmos a decisão de fazer uma expansão para a Bahia e para Minas Gerais, o que aconteceu em 1º de março de 2020.

Em 15 de março de 2020, porém, fomos engolidos pela pior notícia vivida pela humanidade pós Segunda Guerra Mundial. Naquele momento, em Belo Horizonte, onde estava a nossa nova matriz, falando sobre congressos e encontros, tivemos que cancelar um evento com veterinários que seria um grande marco para ouvir e obter *insights* dessa galera.

A pandemia veio como um tsunami não anunciado e nos recolhemos em nossas casas, sendo obrigados a adaptar a cultura para um *home office* não planejado.

Naquele momento, para tentar engajar os colaboradores, criei uma série de encontros online com os profissionais mais inspiradores do país: foram mais de 20 encontros, todas as semanas, que traziam

---

8 MVP é o acrônimo para *Minimum Viable Product*. Na tradução literal, significa "produto minimamente viável"; refere-se ao estudo feito em campo para analisar os KPIs para a alavancagem ou não de um produto ou serviço.

histórias de superação e motivação para todos. Fiz isso porque acreditava que as pessoas precisavam olhar as coisas por uma ótica positiva, embora o mundo estivesse em pedaços.

O inimaginável aconteceu: em plena pandemia crescemos mais de 300%.

Sozinhas por causa do isolamento imposto pela implacável pandemia, que as mantinha recolhidas em casa, muitas pessoas adotaram animais de estimação, e percebemos um movimento muito maior acontecendo.

Eu acredito que, na vida, não há nada que seja acaso ou sorte. Tudo isso se encontra quando temos persistência e um caminho a seguir. E no caso da minha nova empreitada, não foi diferente. Aceitei aquela nova vida e a empresa por um propósito, e me engajei até entender que quando colocamos energia em algo, aquilo cresce. Não importa o que seja. O crescimento é fruto do nosso trabalho, da nossa paixão. Fruto de uma arte de não apenas encantar aos outros com promessas, mas de encantar a nós mesmos.

Muitas pessoas estão perdidas na vida porque perderam esse encanto, essa magia. Já não acreditam que um mágico seja capaz de tirar um coelho da cartola. E para essas pessoas eu digo: sempre há um coelho a surgir. Se você fechar os olhos, ouvir o coração, entender o propósito do que está fazendo, a mágica acontece. E você se torna um artista. Um artista da própria vida, que se dispõe a dar a vida para criar, para fazer com que as folhas de papel em branco se tornem uma inspiração a alguém. Que uma tela ganhe um prêmio por ter cores combinadas e fantásticas.

Você é o artista da sua vida. O mágico. O criador. E ela é uma tela em branco, uma folha de papel esperando que você crie, a cada dia, uma nova história.

Já fui muita coisa, já desempenhei muitos papéis. E sempre acredito que exista um novo papel capaz de me transformar. E ao me transformar, transformo o mundo ao meu redor. Porque aprendo. Porque ensino. Porque compartilho a jornada.

Este livro é uma vida vivida. Uma vida de experiências. De lugares seguros e não seguros. De sustos, de medos, de vitórias. Uma vida de verdade, de apostas, de frustrações. De tropeços e recomeços.

Uma vida na qual jamais me escondi dos desafios. Mesmo apavorado diante deles. Porque eu sabia que podia agir. E minhas ações seriam definitivamente as poderosas molas propulsoras que mudariam o rumo das coisas que me deixavam no limbo do desespero.

A vida pode ser desafiadora, mas tente enxergar seu potencial. Tente ver o coelho que há na sua cartola. Seja o artista da sua vida e reinvente-se a cada dia.

Parta para a ação!

grupo novo século

Compartilhando propósitos e conectando pessoas
Visite nosso site e fique por dentro dos nossos lançamentos:
www.gruponovoseculo.com.br

figurati

facebook/editorafigurati
@figuratioficial

gruponovoseculo
.com.br

Edição: 1ª
Fonte: Arno Pro